JOSÉ L. BARLETTA M.S.

Presidente de BarNews y Miami Oportunidad

Todo sobre Planificación 4.0

Una Guía para crear Planes de Negocios con la Ayuda de la AI.

Todo sobre Planificación

Hecho en Estados Unidos

Realización:
BarNews Research Group
www.barnews.com

Editorial MyBook
www.miamioportunidad.com/libros
Miami Beach, Florida, EE.UU.

Diseño y Diagramación:
Carlos Calabró Caretta

Todos los derechos reservados.
Copyright ©2024, José L. Barletta, M.S.

Contenidos

Contenidos 7
El autor 9
Advertencia 11
Agradecimientos 13
Prólogo 15
Introducción 19
Capítulo I
La importancia de los "Planes de Negocios" 27
Capítulo II
Herramientas de análisis de "Planes de Negocios" 39
Capítulo III
Distintos tipos de "Planes de Negocios" 51
Capítulo IV
PERT al servicio de la Planificación 63
Capítulo V
Análisis a nivel Global. Algunas cifras de interés 73
Capítulo VI
La AI y su impacto en los Planes de Negocios 87
Capítulo VII
Marketing digital con enfoque disruptivo 99
Capítulo VIII
Conclusiones y algunas Recomendaciones 113
Capítulo IX
Bibliografía utilizada 123
Capítulo X
Entrevistas 4.0 y videos de expertos invitados 135

El autor

Fue tan motivador y emocionante el hecho de terminar de escribir el libro sobre el *"Empresario y la Empresa Familiar del Futuro"*, la verdad es que pensé en ese momento, que iba a pasar un buen tiempo cuando tuviese la dicha de escribir un nuevo libro y redactar esta sección del autor, pero mis deseos de seguir escribiendo, me traicionaron y me di finalmente el gusto de mi vida de redactar mis experiencias con todos los temas relacionados con el mundo de la **Planificación** y la importancia de los **Planes de Negocios**.

Me resultó fácil llevarlo a cabo, ya que tan solo tuve que hacer memoria de que es lo que había desarrollado prácticamente y con gran dedicación en todos los trabajos que me tocó realizar por más de 60 años y desde mis primeros pasos por la Marina Argentina, en la década de los 60, trabajando seguidamente como Ingeniero de Sistemas de IBM a partir del año 1968 hasta la actualidad siempre por distintas razones, estuve más que vinculado con el desarrollo, ejecución y evaluación de **Planes de Negocios**.

Tanto a nivel académico como la suerte que tuve con familiarizarme con los planes de la empresa innovadora más avanzada a nivel mundial, es decir la TOYOTA, mientras me encontraba en la Ciudad de Nagoya, su sede, con una de mis misiones del Banco Interamericano de Desarrollo, me permitió crear una sólida base para profundizar en el tema, evaluarlo y también dar clases sobre este tema en varias universidades.

Tanto en la OEA como en el BID, mis actividades se desarrollaban en el área de innovación y tecnología, y tuve la suerte de llevar a cabo mi Máster en la George Washington University donde pude dar mis primeros pasos con gran solidez en el tema de Inteligencia Artificial.

Debo aclarar que con el advenimiento de variadas tecnologías y en especial últimamente con la proliferación de los modelos generativos de AI, el concepto de planificación fue tomando distintos matices y todas sus operaciones comenzaron a ser impactadas por varias de las situaciones que fueron difundidas en los más diversos medios como consecuencia de las convergencias de tecnologías y de los cambios de paradigmas que nos impactan.

Como autor me siento orgulloso y feliz solo de pensar que el esfuerzo que demandó el crear este nuevo libro, va a dar como fruto una ayuda para mis queridos lectores, a fin de prepararse mejor para afrontar los nuevos y variados proyectos en los que incursionen.

No puedo dejar de mencionar, que en la Misión Comercial 5.0 que organicé en el Auditorium de la CAC (Cámara Argentina de Comercio) que se realizó el día 12 de marzo del 2024, fue el momento donde se dio inicio a esta nueva aventura literaria, junto con Don Italo Torrese, presidente de Nexus Innova US y gracias al apoyo recibido por el Lic. Mario Grinman presidente de esta cámara que siempre nos ha acompañado.

Advertencia

Siempre me complace escribir algo sobre advertencia para los lectores y lo mismo que hice con otros libros y variados White Papers publicados en el pasado, me resulta una necesidad aclarar y en especial advertir que si usted "Lector" decide darme el gusto a mí de leer este nuevo libro y por lo tanto dar un decidido paso al futuro, introduciéndose en el Mundo de la Inteligencia Artificial, el de los Planes de Negocios y modelos generativos corre el riesgo y el deseo de quedarse en el mismo, ya que va a advertir que se encuentra frente a una gran herramienta que estará siempre a su servicio y que en ciertos casos se transforma en un multiplicador de inteligencia y oportunidades e negocios.

Usted podrá advertir que ahora se pueden hacer cosas que complementan su vida que se desarrolla en el mundo real teniendo como límite tan solo su imaginación.

Con el advenimiento de la Internet también surgieron temores y se crearon grandes dudas y conflictos en el ámbito académico, especialmente cuando el dominio **.com** fue anunciado, hecho que provocó una gran reacción de todos aquellos que sentían que el único dominio válido era el **.edu**.

Usted podrá apreciar que en todo momento tratamos de demostrar en cada uno de los capítulos seleccionados, entrevistas desarrolladas y eventos organizados, que todos estos nuevos desarrollos que llegan a nuestros hogares, oficinas, escuelas, hospitales, de una forma u otra están pensados y han sido creados para que nosotros, los humanos no los Chatbots, los usemos y los aprovechemos para que nos permitan aumentar nuestra calidad de vida.

Tener en cuenta que los Planes de Negocios nos permiten

Advertencia

cumplir nuestros sueños que definimos simplemente en la visión de estos y es una forma de permitir movernos con un mapa virtual que nos ayuda a llegar a un destino que nosotros mismos hemos definido. Al uberizarnos, tomamos mas confianza en nuestros pasos para llegar a las metas fijadas.

Dado que el libro trata temas sensibles o controversiales del mundo de la planificación y la misma innovación, es probable que algunos lectores encuentren ciertos pasajes perturbadores.

Por lo tanto, es importante recordar que a veces la literatura no es adecuada para todas las edades y que cada lector debe evaluar su propia capacidad para lidiar con el contenido de esta obra, la que en algunos casos nos invita a que cambiemos la forma de actuar ante nuevos proyectos. Si usted es lector que se siente particularmente afectado por ciertos temas, puede ser mejor evitar la lectura o estar preparado para enfrentar ciertas emociones y pensamientos mientras lee.

Si usted confía en el tema, adopta alguna de las metodologías descriptas, se va a sorprender lo que puede lograr en el desarrollo de los proyectos en que se encuentre involucrado.

Agradecimientos

Una de las partes de la publicación de mis libros que más disfruto y a la que le doy especial atención e importancia, es escribir la "Nota de Agradecimiento", ya que es realmente el momento que estoy a tan solo un paso de terminar con la aventura de escribir este libro que marca un hito más en mi vida en este mundo tan apasionante que es el literario y que siempre trato de ser parte.

No puedo dejar de remarcar que, durante mis primeros pasos por la Marina Argentina, tuve el primer gran acercamiento a lo que realmente significaba la planificación, y en especial la importancia de definir Vision y Misión de variados proyectos.

Fui desde muy joven comandante de un pequeño buque oceanográfico que navegaba con el nombre de "Cormorán" y me encontré con la necesidad de hacer algo que no conocía muy bien pero que sabía que era clave para el éxito de mi misión. Desarrollé mi primer "Business Plan" que publiqué luego en el libro del Centro Naval con el nombre de "Relevamiento Integral del Canal del Río de la Plata con tecnología PERT" y unos meses más tarde hice lo mismo para el Canal de entrada a Puerto Belgrano y Puerto de Bahía Blanca.

De la marina pasé seguidamente a trabajar a IBM y nuevamente me dediqué a ayudar a los clientes a formalizar sus planes de negocios, ya que eran muy pocos los que los poseían. No sólo participé activamente en la preparación de estos planes, sino que comencé a organizar eventos para entrenar a ejecutivos en esta temática y lo hice a nivel regional, especialmente en el centro de capacitación de IBM de Cuernavaca, México.

Les aseguro que son tantas las personas que deberían figurar en este agradecimiento ya que fue increíble la ayuda recibida

Agradecimientos

y el apoyo en esta nueva aventura que temo olvidar algunos nombres, pero voy a hacer lo posible para que esto no suceda y por lo tanto coloco en primer término uno especial para mi familia y en primer lugar mi querida esposa, Silvia, ya que fue la que tuvo que soportar mis horas de insomnio para tratar de completar esta obra y seguidamente cumplir con su función de editora, la que me permitió asegurar que la versión final de "Todo sobre Planificación" se presentara sin ningún tipo de errores, los que suelen suceder por el apuro y deseo de llegar cuanto antes a todos los lectores.

También, no se imaginan como, me han ayudado las autoridades de CAMACOL y de FEBICHAM y especialmente el alcalde Tomás Regalado, que me incluye siempre en sus programas donde aprovecho esa ocasión para hacer pequeños lanzamientos de todas mis obras.

No puedo dejar de nombrar al Lic. Mario Grinman, Presidente de la CAC - Cámara Argentina de Comercio y Servicio, que siempre me ha apoyado para organizar en sus magníficas instalaciones nuestras Misiones Comerciales y Congresos de Innovación.

Mensaje del autor.

Prólogo

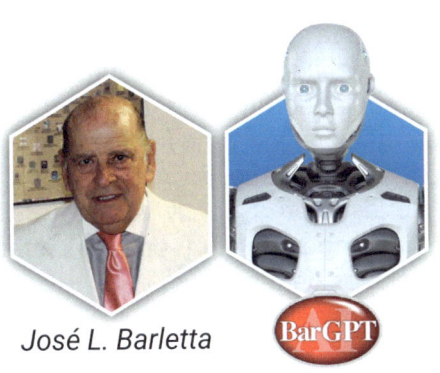

José L. Barletta

Guía para la planificación estratégica en un mundo VUCA.

Siempre en el momento de terminar sus libros, el autor (José Barletta) buscó un apoyo especial para que alguien se hiciese cargo de preparar un "Prólogo" bien atractivo y que sea un elemento más para motivar a los potenciales lectores a introducirse en sus páginas. Esta vez se le ocurrió hacer algo por demás disruptivo y pidió ayuda a sus mejores amigos, los modelos generativos ChatGPT, COPILOT, BEAR y otros. Barletta firmó el prólogo con su seudónimo BarGPT, su avatar en el mundo de la AI.

Ninguno de ellos se comprometió a escribirlo en su totalidad, pero si a dar una ayuda a BarGPT, basada en sus experiencias relacionadas con otros libros. Los modelos le dieron a su avatar las bases para hacer el prólogo utilizado.

En general los modelos generativos, remarcan que el escribir un libro es una labor que llena de entusiasmo, especialmente cuando se tiene la oportunidad de compartir ideas innovadoras que puedan cambiar de alguna forma vidas y generar algunos beneficios. Este es su cuarto libro que está publicando en

Prólogo

AMAZON, increíble plataforma literaria y aunque ha disfrutado a todo nivel sus obras anteriores, especialmente la de 2084, Una visita al Mundo AI, él se encuentra muy emocionado por lo que ha plasmado en estas nuevas páginas.

En este nuevo libro, que se dedica a conjugar el verbo "Planificar" a todo nivel, explica con gran detalle, como desde sus primeros pasos en IBM trabajando en estos temas como los dados en organismos internacionales como fue caso de la OEA, Naciones Unidas, Banco Interamericano, WCA - Wireless Communication Association, World Future Society e Internet Society, dedicó gran parte de su tiempo a la confección y entrenamiento de la elaboración de planes de negocios.

En una de sus presentaciones de la variedad de eventos que le tocó organizar y exponer, recomendaba jocosamente, "No leer este libro", ya que podrían llegar a sentir pena por no haber dedicado más tiempo en crear buenos planes de negocios, que sin dudan hubiesen ayudado a dar pasos más sólidos en todo tipo de proyectos en los que han participado.

Cuando le puso el nombre "Todo sobre Planificación", pensó en escribir el libro que le hubiese gustado tener y leer en un principio de sus experiencias en todos estos temas.

A lo largo de sus capítulos y en especial en el último donde se detallan entrevistas con la posibilidad de acceder a respectivos videos de cada uno de los especialistas seleccionados, van a tener acceso a un increíble número de experiencias muy significativas y que van a marcar una posibilidad de cambio.

Su idea con este nuevo enfoque, práctico y con simples ejemplos fue la de ofrecer una perspectiva fresca y disruptiva sobre todo lo relacionado con la generación de Planes de Negocios, presentando elementos que desafían el pensamiento convencional, enriquecen experiencias y motivan a usar herramientas innovadoras.

Un punto clave de inflexión fue el último evento que organizó en la CAC, Cámara Argentina de Comercio y Servicios, con el apoyo total de su presidente Don Mario Grinman, con más de 300 registrados, que le llevó a darle más ímpetu a la preparación de esta nueva obra.

Todo sabemos, y lo resaltan los modelos generativos, que la escritura de un libro es un viaje que siempre nos lleva a lugares inesperados y por lo tanto cada uno de los libros que están publicados, brinda una oportunidad única para profundizar en un tema y compartir sus reflexiones con sus queridos lectores.

A lo largo de la carrera de Barletta como autor, BarGPT, ha tenido la fortuna de compartir sus increíbles y actualizadas ideas en varios libros. En este momento, con "Todos sobre Planificación", se embarcó en una nueva aventura literaria y su objetivo fue la de abrir un diálogo sobre todo lo relacionado al mundo de la Planificación, invitando a los lectores a explorar nuevas perspectivas e ideas que pueden tener un impacto significativo en sus vidas.

Espero que este libro sea un compañero valioso en su viaje de descubrimiento y los invitamos a todos los lectores a unirse a este recorrido, a desafiar sus ideas preconcebidas y a descubrir nuevas formas de pensar y actuar.

Gracias por acompañar al autor en este emocionante viaje.

BarGPT

Prólogo

Introducción

Con algo de tristeza debo reconocer que este nuevo libro que he comenzado a escribir con gran entusiasmo tendría que haber sido sin duda el primero de mi colección, ya que en todos los libros anteriores siempre sentía un pesar de no estar redactando todas mis experiencias en el mundo de la planificación, al que le dediqué gran cantidad de tiempo para estudiar diferentes alternativas y aprender a conjugar con gran solidez y práctica real el verbo "Planificar".

Aunque ya pasaron gran cantidad de años de mis primeros pasos en el mundo de la planificación y la interacción con este tipo de planes, después de un gran evento llevado a cabo en el mes de septiembre del 2023, el Congreso Hemisférico Nro. 44 de CAMACOL realizado en el Miami Convention Center, surgió este pedido de crear algún tipo de ensayo a manera de guía para cubrir este vacío en el uso de estos planes en gran cantidad de empresas.

Al terminar mi último libro **"El Empresario y la Empresa Familiar del Futuro"** se puso de manifiesto una vez más, el vacío que existía en el mundo de todo tipo de empresas, las familiares y el resto, sobre la gran falencia en el uso real de planes de negocios.

Por distintas razones demoré este trabajo y después de haber publicado en estos días mi último libro y anunciarlo en el Congreso de Innovación y Misión Comercial 5.0 que me tocó organizar y dirigir en la Cámara Argentina de Comercio y Servicio, Institución presidida por el Lic. Mario Grinman, y gracias al apoyo de la tecnología y las entrevistas realizadas me lancé a escribir con toda fuerza, con el gran apoyo de familiares, amigos y en especial participantes de los distintos

Introducción

eventos sobre estos temas que me tocó interactuar durante mucho tiempo organizar en varios países y con varias organizaciones internacionales.

Siempre comento a manera de introducción que, durante mis primeros años de trabajos en el área de Washington DC, como funcionario de organismos internacionales, primero en la Organización de Estados Americanos – OEA y posteriormente en el Banco Interamericano de Desarrollo, BID, me dediqué por entero tanto a desarrollar "Planes de Negocios y Estratégicos" a nivel de países y a proyectos específicos dentro de estas dos instituciones internacionales.

Se organizaron varios seminarios y en todos me tocó participar como expositor o bien moderador de distinguidos conferencistas para explicar de una forma concreta, práctica y lo más sencilla posible las bondades de estos planes y su importancia no sólo de confeccionarlos, sino de hacer el seguimiento de estos para que se cumplan los distintos conjuntos de acciones que los integraban.

Después de haber trabajado activamente como Ingeniero de Sistemas de IBM, tanto en Argentina, como en Ecuador, en este país como Gerente de ingeniería de Sistemas y posteriormente a nivel regional con esa misma posición, formé parte de la Oficina del World Future Society como director para Iberoamérica, donde tuve la oportunidad de continuar interactuando con el desarrollo de planes de negocios en los más diferentes niveles.

Esta posición la cubrí a principios de los años 80, en pleno auge del advenimiento de las computadoras de todo tipo y tamaños y en especial del uso de los equipos portables y en el momento donde se estaba produciendo uno de los tantos cambios de paradigmas, remarcado por el hecho de que la revista Time nombró a la PC como el hombre del año.

Como director de esta sociedad y como ejecutivo de la OEA, tuve oportunidad de estar muy de cerca de grandes pensadores que trabajaban en torno al futuro, y desde Alvin Toffler, Peter Senge y hasta el mismo John Naisbitt, aparte de disfrutar sus obras maravillosas, me tocó presenciar y compartir variadas presentaciones y tener la oportunidad de intercambiar experiencias con ellos o mejor dicho aprender de sus increíbles aportes que brindaban a la sociedad en temas vinculados a la misma organización y el desarrollo de este tipo de planes.

Quiero aclarar que en especial Don Alvin Toffler, con sus increíbles libros, el "Shock del Futuro" y "La tercera Ola" me dio un empujón adicional a mis deseos de ser parte proactiva de esos cambios tan acelerados que vivíamos y me dediqué por entero a llevar a cabo investigaciones sobre los primeros pasos de este tipo de planes a nivel mundial.

Estas obras no sólo marcaron un gran hito dentro de estas grandes corrientes de cambios, sino que fue el principio de una gran carrera tecnológica que empezó a producir impactos directos en la forma de trabajar, de pensar, de interactuar, de comunicarse y hasta de estudiar la forma de organizar el desarrollo de empresas y proyectos en general.

Yo que venía de trabajar en IBM, fui sin querer parte proactiva de estos movimientos que hoy se puede asegurar, llegan a impactar a gran parte de la población mundial.

Grandes computadores, grandes centros de datos, "Office Automation", nuevas carreras, lugares especiales para facilitar la instalación de equipos gigantescos, dominaban la atención, tanto de oficinas de gobierno como de grandes organizaciones públicas y privadas y esto pasó tanto en la década de los 60 como la de los 70. Se hablaba en ese entonces de los MIS (Management Information Systems) y se comenzaba a vislumbrar los primeros pasos de las redes y de equipos más versátiles y pequeños.

Aunque sin casi difusión ya por algunos rincones de los Estados Unidos, el Dr. Vinton Cerf, uno de los precursores y creador de la Internet, comenzaba a pergeñar ciertas redes para comunicar universidades, dando lugar a una iniciativa que parece haberlo cambiado todo. "El nacimiento de la Internet" y hoy en día el del "Metaverso".

Introducción

He seleccionado algunos capítulos, ya que siempre fui un entusiasta de lo que los americanos llaman los "Top Ten" y que tanta fuerza tiene ese título. En cada uno de ellos, he tratado de definirlos y relacionarlos con experiencias reales que he vivido, ya que, en mi larga carrera de conferencista internacional en más de 20 países, y en algunas de las charlas en las que me tocó participar, cada uno de estos capítulos fueron el tema principal que gira en torno a todo lo que tenga que ver con los aspectos de la planificación, inclusive con la tecnología PERT, el uso del camino crítico y el método Monte Carlo.

Verán cómo sin desearlo, estamos expuestos siempre a cambios de paradigmas, como estamos siendo testigos de una nueva generación que nace y que ya es llamada Generación iPad o AI y vemos que, si nos impresionaban algunas cosas de las generaciones X, Y y Z, en esta nueva, prácticamente no nos podemos ni imaginar todas las cosas que se van a producir, precisamente por esa acelerada carrera tecnológica y de innovación constante.

Después de hablar de generaciones, trato de explicar el fenómeno de la Convergencia de Tecnologías, y en especial clarificar a que se llama punto real de convergencia, si es que verdaderamente existe. Este punto fue cambiando con el tiempo y en estos días se considera que la Inteligencia Artificial "AI" lo representa y tiene su impacto en todo lo que se relaciona con la confección de planes de negocios.

Para la parte de Globalización y el Espacio Cibernético se trató de remarcar en este nuevo libro, el fenómeno de cambios de límites y el impacto en las grandes multinacionales que produce este hecho. Nuevamente la Internet y las redes de comunicaciones pasan a ocupar un lugar de importancia y en especial en estos días con su nueva denominación de Metaverso, para muchos la Internet del futuro y los que leyeron a George Orwell alguna vez, comienzan a darse cuenta de que gran cantidad de sus predicciones se han hecho realidad.

Seguidamente al hablar de la Revolución Industrial sin quererlo y mencionar la Revolución Informática, tan sólo quiero sentar las bases para comenzar a abrir los ojos ante lo que podía llegar a ser una nueva revolución que como resultado de todos estos cambios y adelantos tecnológicos tratamos de descubrir. Cambios y más cambios dan como resultados nuevos escenarios de negocios, nuevas carreras, nuevas formas de trabajar, nuevas formas de comunicarse, de vender, de ofrecer productos y de ocupar puestos de trabajos. Cuando Nicolás Negroponte escribió "Ser Digital" marcó también un hito y fue el de la gran transformación de lo analógico a lo digital.

Durante toda la década del 90 la Internet pasó a marcar la diferencia y la gente poco a poco comenzó a usar las tres WWW y el tan difundido en la actualidad símbolo "@", el que en aquel entonces nadie conocía. Con esta difusión y la fallida inserción en el mercado de la Inteligencia Artificial en los años 80, se crearon las bases para lo que fue una pequeña revolución dentro de la Gran Revolución Informática y fue precisamente el advenimiento de las Redes Sociales.

Una mención a los modelos generativos no podía faltar en este nuevo libro ya que los mismos representan una ayuda para la confección de planes de negocios que se usan cada día con más frecuencia.

Hay que tener en cuenta que estos modelos que no dejan de crecer y difundirse, no nos van a reemplazar para confeccionar claros planes de negocios, pero si nos pueden ayudar mucho a realizarlos y tener en cuenta gran cantidad de elementos que antes sin esta ayuda se podían llegar a obviar o no tenerlos en cuenta.

Hablando de redes hoy no se puede dejar de mencionar todos los nuevos dispositivos que están a nuestro alrededor y que precisamente con el uso de estas redes sociales, se logra una interacción que hace unos años parecía imposible imaginarse. La batalla que se llevó a cabo durante muchos años sobre la pantalla que iba a llegar a nuestros hogares, o sea librada entre dos alternativas, los equipos de TV y las PC, y nadie tenía muy en cuenta a los teléfonos celulares y menos aún a las tabletas y ustedes ya están viendo los resultados.

Introducción

Uno de los capítulos que no podía estar ausente es el de los cambios de las técnicas de Mercadeo y es precisamente donde más impacto ha tenido la tecnología. Cuando en los años 1995 me tocó viajar por varios países de Latinoamérica para el lanzamiento del dominio .com, cuando me encontraba como director de la Internet Society, se percibía una cierta reacción negativa en especial del sector universitario, ya que, con este cambio, el dominio EDU, parecía perder fuerza ante el impacto del nuevo dominio .COM.

Nadie se imaginaba en ese entonces, que unos años más tarde, Dell iba a vender más en línea que en sus tiendas, que Amazon iba a cambiar la forma de comprar libros y que los pasos tradicionales del proceso de ventas, desde iniciar el contacto hasta concretar el cierre iban a tomar una forma diferente a la que estuvo vigente por más de 90 años.

Como punto de cierre y último capítulo de esta nueva obra, he decidido incluir una gran variedad de entrevistas llevadas a cabo con reconocidos especialistas en la materia agregando además interesantes videos lo que podía decirse que son los que muestran las más importantes tendencias que van a seguir dominando todas nuestras acciones en un futuro inmediato.

Es importante destacar que a este libro se lo ha pensado sólo para fines informativos y didácticos, con un ferviente deseo de aclarar todo lo relacionado con el nuevo mundo de la preparación de Planes de Negocios enfatizando la fuerza de importancia de definir una clara Visión, acompañando a la misma con la "Misión" y el mismo "Valor".

Personalmente deseo aclarar que no es mi idea proporcionar asesoramiento en la forma de confeccionar planes de negocios, en llevar a cabo inversiones, tratar temas fiscales, legales o contables, ni cada uno de los especialistas entrevistados, que figuran en este libro lo hacen.

Tanto Barnews Research Group Corp., empresa que presido, Editorial My Book y Miami Oportunidad, no son directa o indirectamente responsables de cualquier daño o pérdida presuntamente causadas por o en conexión con el uso o la confianza en el contenido, bienes o servicios mencionados en este libro.

Esperando que los lectores encuentren en esta obra una fuente de inspiración, de reflexión y de debate, y que la misma les ayude a entender mejor nuestro mundo y a considerar las decisiones que tomamos como sociedad, contando con mejores elementos para ser parte proactiva en la confección de Planes de Negocios.

¡No se pierda la oportunidad de ser parte de esta aventura literaria única!

Introducción

Capítulo I

La importancia de los "Planes de Negocios"

A. Definiciones básicas

Después de muchos años de haber estado organizando eventos para presentar temas que giraban en torno a los aspectos de planificación y organización en general, quedó por demás claro que el dedicarle tiempo y energía a la confección de los tradicionales "Planes de Negocios" es la base indiscutible para el crecimiento y la sostenibilidad de las empresas y de los proyectos en general.

Por esta razón no dudé que hacer un esfuerzo para preparar este nuevo libro como una guía especial para ayudar a gran cantidad de lectores que sin duda van a estar interesados en preparar sus propios planes de negocios, teniendo en cuenta principalmente los cuatro elementos claves que hay que considerar en los mismos y que son: la VISION, que tiene que ver con el emprendimiento y a donde se desea llegar en el futuro con el mismo, la MISION, el "VALOR" y los "OBJETIVOS".

Siempre los grandes autores nos recomiendan antes de que uno se lance a escribir un libro como este que usted está leyendo, buscar un tema que realmente nos apasione y es precisamente lo que sucede con todo lo que tenga que ver con la preparación o creación de "Planes de Negocios". Este es un tema que

Capítulo I - La importancia de los "Planes de Negocios"

aparte de apasionarme, me atrae fuertemente para llegar a dominarlo, entender todos sus detalles su ecosistema para estar en condiciones de asesorar y usarlo además como lo hago en la mayoría de las presentaciones y congresos que organizo desde hace años.

Cuento con una gran ventaja al haber seleccionado este título, en este libro, de que el lector ideal se encuentra en todos lados, ya que de una forma u otra siempre todos nos movemos frente a proyectos y los que los crean o trabajan en ellos se deben apoyar siempre en estos planes para asegurarse lograr el éxito esperado.

Cuando nos dicen que de cada 10 empresas 8 son familiares, como lo remarqué en mi último libro "El Empresario y la Empresa Familiar del Futuro" tenemos la seguridad que todos los que se encuentren envueltos en este tipo de iniciativas, de una forma u otra podrían llegar a sentirse motivados por tener a su alcance una suerte de guía que les ayuda a confeccionar este tipo de planes.

Aprendí en estos últimos años donde me encuentro muy sesgado como escritor, con temas sobre innovación y proyectos disruptivos, que la paciencia es clave y lo más importante para llegar a publicar algo, aparte de la disciplina, la humildad y lo más importante la constancia. (La trilogía, rincón creativo, silla y equipo de computación para escribir son los elementos claves para lograr llegar a publicar un libro dentro de lo posible de gran interés).

Para lograr el punto final del recorrido para escribirlo, o sea el último capítulo, hay que dedicar una total entrega a la obra y no desesperarse por terminarlo, ya que, si cumplimos con esas cualidades mencionadas, al final el libro nos va a sorprender y en mi caso va a aparecer en primer plano en la sección AMAZON junto a mis otras obras y en el website de mi editorial. (www.miamioportunidad.com/libros).

Con algunas definiciones y ejemplos simples y bien concretos de estos elementos, se darán las bases para comenzar a concatenar ideas sobre un documento clave para emprender con grandes posibilidades de éxito cualquier tipo de proyectos, el "Business Plan" y que por distintas razones existen gran cantidad de empresas que no operan apoyándose en un plan bien definido como este que recomendamos.

Como parte de esta guía, estoy planeando detallar un curso sobre una de las herramientas más eficaces y difundidas para confeccionar planes, que permiten entrelazar distintos tipos de tareas, con sus fechas de comienzo, su terminación los tiempos estimados y también voy a tratar de explicar a que se denomina "Camino Crítico" dentro de un proyecto.

Este curso, es una de las herramientas que se va a incluir en esta guía y es la denominada PERT (Program Evaluation and Review Technology) y he dedicado en este libro un capítulo completo para detallar al máximo con ejemplos bien simples y concretos para que la puedan usar de inmediato y lo más importante, es que espero que el lector no sólo la entienda, sino que se motive a usarla para futuros emprendimientos y darse cuenta la importancia de hacerlo para asegurar buenos resultados.

También se van a presentar otras herramientas para facilitar variados análisis y que son la plataforma o template PESTEL, análisis FODA y el CAME con ejemplos bien concretos y algunos gráficos que lo detallen.

A continuación, presento algunas simples definiciones de fuentes muy interesantes y confiables y las propias que surgieron de mi experiencia en este mundo de la planificación y los negocios. (Planes de Negocios)

Un "Plan de Negocios" es una Metodología que sistematiza las actividades que serán necesarias para que una idea de ofrecer servicios o productos se convierta en una empresa y que desprenda una expectativa que ponga de manifiesto que es realmente rentable". Fuente: Wikipedia.

El lograr desarrollar este tipo de plan, es considerado clave para asegurar el crecimiento de las empresas o la ejecución de un proyecto en general. Crear una estrategia bien documentada donde se deben describir con gran claridad la visión, la misión, el valor y en especial los objetivos a seguir. A través de él, se establecen las bases para el funcionamiento y crecimiento del negocio. Cuando se crea un buen plan surge sin duda en la difusión de este un gran sentido de pertenencia de todos los que forman parte de esta iniciativa.

Todo esto que parece muy sencillo, cabe destacar que en ciertas ocasiones despierta una gran cantidad de dudas, como, por ejemplo, durante el desarrollo de uno de los cursos de "Educación Continua" que me tocó dar junto al Dr. Jorge Zumaeta en la FIU sobre estos temas, nos preguntaron: "Cómo, si parece tan sencillo confeccionar un "Plan de Negocios", gran cantidad de empresas en la mayoría de los países se lanzan a operar sin la ayuda de estos.

También es importante destacar que en uno de los análisis que hicimos con las PYMES de Argentina como parte de uno de los eventos realizados con la AACC, Cámara Argentina de Comercio de los EE. UU., la CAC (Cámara Argentina de Comercio y Servicios) y CAMACOL Cámara Latinoamericana de Comercio, llegamos a cifras que nos sorprendían, ya que aseguraban que no llegaban al 10% de empresas que operaban con la ayuda de este tipo de planes.

Hay que tener en cuenta que por ejemplo en los Estados Unidos, la mayoría de las empresas son consideradas pequeñas y alcanzan unos 30 millones de negocios. Fuente: CAMACOL y Departamento de Comercio.

Además, aunque más del 80% de las pequeñas empresas

operan sin empleados, emplean a un total de 60 millones de personas, lo que representa alrededor del 46% de toda la fuerza laboral de este país.

Es muy importante el hecho de que las pequeñas empresas son la clave en la generación de empleo y por lo tanto también es clave la ayuda que dan al gobierno para lograr un gran nivel económico bien satisfactorio.

Queda demostrado por las noticias y artículos que circulan en gran cantidad de medios que el crecimiento continuo y ordenado de las pequeñas empresas es fundamental para la salud del empleo nacional y el éxito económico general.

Cuando nos decidimos a hacer un "Business Plan" debemos tener en cuenta el llegar a confeccionar un detallado documento que contenga especialmente estos elementos:

- **Introducción.** Una rápida explicación del proyecto, su alcance y resumen de su Visión, Misión, Objetivos y Valor. Si es posible hay que tratar de resumir su poder diferenciador y que es lo que lo hace exclusivo.
- **Resumen Ejecutivo.** Este es un resumen conciso de todo el plan. Debe capturar la esencia del negocio, los objetivos, la propuesta de valor y los aspectos más importantes. Normalmente es lo último que se escribe y es la clave para capturar la atención de todos aquellos que, de una forma u otra, se interesen de alguna manera en transformarse en parte proactiva del proyecto.
- **Descripción del Modelo del Negocio o Proyecto.** Aquí se detalla la naturaleza del negocio. Incluye información sobre el producto o servicio que se ofrece, el mercado objetivo y la visión general de la empresa. Es conveniente definir claramente a quien va dirigido. El alcance y cadena de valor.
- **Análisis y Estudio del Mercado.** Este elemento se centra en comprender el mercado en el que operará el negocio. Incluye investigaciones sobre la competencia, el público objetivo, las tendencias y oportunidades de negocios. Aquí

es donde se debe hacer un detallado análisis FODA y CAME y usar además la plantilla de PESTEL para dejar bien claro el proyecto con su vinculación con aspectos políticos, económicos, sociales, tecnológicos, legales y todo aquello que tenga que ver con Medio Ambiente.

- **Plan de Marketing y Ventas.** Describe cómo se promocionará el negocio y cómo se atraerán clientes. Incluye estrategias de marketing, canales de distribución y proyecciones de ventas. No descuidar Social Media y las herramientas de Google para difundir el proyecto.

- **Organización y Manual de Operaciones.** En esta sección se aclara como se va a llevar a cabo la Misión para cumplir con la Visión definida y donde se definen las funciones de cada una de las personas que integran la estructura definida.

- **Análisis Financiero.** Aquí se presentan las proyecciones financieras, como ingresos, gastos, flujo de efectivo y punto de equilibrio. También se detalla cómo se financiará el negocio. (Breakpoint).

- **Conclusiones y recomendaciones.**

Según Sergio Bernués, reconocido consultor y especialista en gestión y promoción empresarial, no se debe dejar sin atender la "Regla Stop", representada por una señal que normalmente queda inmersa en el Resumen Ejecutivo del Plan y que los inversores o especialistas la detectan de inmediato antes de seguir adelantes leyendo todo el plan.

Según él, la idea es reflejar que se tiene un equipo de gente e ideas donde se explica lo que hace falta para aprovechar esa oportunidad que brinda las condiciones del mercado y la oferta concreta realizada.

También se debe lograr que en la preparación de planes, que los mismos cuenten con un grado de sugerencia, que sean tentadores, ocurrentes, dinámicos, bien organizados y contengan una gran dosis de elementos disruptivos.

B. Visión, Misión y Valor

El escribir varios de mis libros y también algunos White Papers, no puedo negar que es una tarea que se puede ver como la ejecución de un proyecto, que requiere sin duda la confección de un minucioso "Plan de Acción" y "Business Plan" para llegar al punto final de los mismos con el mayor éxito posible.

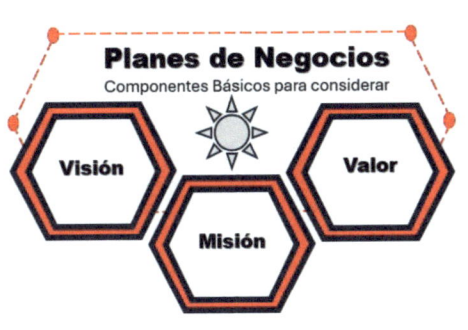

Al hablar y/o entrevistar a varios escritores, pregunté abiertamente si ellos hacían un Plan de Negocios o de Acción antes de lanzarse al mundo literario con la aventura de escribir un libro. Curiosamente, la mayoría me confirmaron que casi nadie se toma ese trabajo de hacer un plan y normalmente se lanzan a la aventura literaria de escribir algo con un gran esfuerzo para llegar a armar las primeras hojas y una vez logrado, poner en marcha la maquinaria creativa de seguir escribiendo.

Cuando doy mis charlas sobre estos temas y explico el verdadero valor de llegar a definir tanto la "Visión" como la "Misión" de un proyecto a todos los participantes, la mayoría, están normalmente de acuerdo que es un gran paso el hacerlo y uno se asegura moverse hacia un destino final con mucha más confianza, respaldo personal y elasticidad.

Para este caso, escribir esta nueva obra que he titulado "Todo sobre Planeación", me fijé como "Visión" el llegar a crear una guía o documento base que ayude al lector, a soñar y fijar una meta a alcanzar, para permitirle contar con una base o herramienta que le ayude a definir el alcance final de todos sus proyectos o empresas, o sea para que puedan tener claro adonde se desea llegar y cómo hacerlo o sea su misión.

Al definir la Visión debo dejar claro que es lo que se desea lograr mientras que para dejar clara la Misión se debe explicar el cómo hacerlo.

Es interesante tratar de estudiar cual es la visión de las empresas más reconocidas tales como Disney, Walmart, FORD y otras. Por ejemplo, para el caso de Disney, su visión es ser un gigante del entretenimiento y un actor estratégico a nivel mundial. Su objetivo es "ser uno de los principales productores y proveedores de entretenimiento e información en el mundo, utilizando su cartera de marcas para diferenciar su contenido, servicios y productos de consumo".

Esta visión refleja su compromiso de crear contenido de la más alta calidad y experiencias inolvidables para el público global. Hoy en día este parque temático ubicado en Orlando es una de las mayores atracciones turísticas de todo el mundo y en especial de Latinoamérica. Es un verdadero ejemplo de organización y creatividad con una gran dosis clásica de proyectos disruptivos.

También es importante ver cómo define su Misión, que no es otra cosa que llegar a entretener, documentar, informar e inspirar a las personas en todo el mundo a través del poder de narrativas inigualables, reflejando las marcas icónicas, las mentes creativas y las tecnologías innovadoras que hacen de Disney la compañía de entretenimiento líder en el mundo".

En resumen, Disney se esfuerza por ser líder en la industria del entretenimiento, ofreciendo experiencias únicas y emocionantes a su audiencia global. Fuente: Panmore Institute.

Sin embargo, es difícil identificar los planes de negocios más importantes del mundo, ya que estos planes no siempre están disponibles públicamente y su importancia puede variar dependiendo de varios factores. Además, los planes de negocios suelen ser confidenciales y no se comparten públicamente.

En la lista de la página siguiente obtenida en META AI que pone de manifiesto los más importantes o reconocidos planes de negocios que han tenido un impacto a nivel mundial.

Sin embargo, puedo sugerir algunos de los planes de negocios más exitosos y conocidos que han tenido un impacto significativo en el mundo:

1. *Amazon (Jeff Bezos).*
2. *Apple (Steve Jobs)*
3. *Google (Larry Page y Sergey Brin).*
4. *Facebook (Mark Zuckerberg).*
5. *Tesla (Elon Musk).*
6. *Airbnb (Brian Chesky y Joe Gebbia).*
7. *Uber (Travis Kalanick y Garrett Camp).*
8. *Netflix (Reed Hastings y Marc Randolph).*
9. *SpaceX (Elon Musk).*
10. *Microsoft (Bill Gates y Paul Allen).*
11. *Walmart (Sam y Bud Walton)*
12. *IBM (Thomas John Watson)*

Según la fuente consultada, Meta AI aclara que normalmente todos estos planes de negocios no están disponibles públicamente y que esta lista se basa en información difundida sobre estas empresas. Además, existen muchos otros planes de negocios exitosos que han tenido un impacto significativo en diversas industrias y mercados, especialmente cuando se mencionan las empresas familiares más reconocidas a nivel mundial y esto es una muestra clara de que el éxito logrado por todas estas empresas va de la mano de sus respectivos planes. Ahora si nos metemos dentro de estos planes y nos detenemos a hablar de la visión y misión, sabemos de antemano que tienen propósitos distintos.

La "Visión" por un lado nos permite describir si es posible el estado futuro de la empresa, o sea a donde deseamos llegar. Esta declaración de visión tiene que ser bien difundida y compartida por todos los directivos de la empresa, ya que es una forma de lograr que se aúnan esfuerzos para lograr que se cumplan al máximo los objetivos.

Podríamos decir que la misma ofrece una imagen de dónde

quiere estar la empresa a largo plazo, es decir entre 5 y 10 años. Como ya lo mencioné, es una invitación a soñar.

Esta Visión se centra en el resultado esperado a lograr o impacto deseado y a menudo es bien inspirador todo el proceso y también aspiracional. Al definir la visión dentro de un plan estamos respondiendo a la pregunta: ¿Adónde queremos ir?"

En mi caso para la edición de este libro: Convertirlo en una clara guía para motivar al lector a que se anime a redactar sus propios planes de negocios.

Siempre se asegura que la definición de la visión debe ser dentro de lo posible bien concreta, ambiciosa y porque no, algo desafiante, pero asegurándose que sea alcanzable y medible.
En cuanto a la Misión, se define claramente el propósito de la empresa, es decir, debe detallar lo que la empresa hace, a quien brinda los servicios o provee productos y lo más importante como lo hace.

En general se definen las acciones en el corto plazo. La misión es el ¿Cómo? Mientras que cuando definimos la visión nos concentramos en definir claramente el ¿qué?

En resumen: La visión nos permite detallar y aclarar hacia donde deseamos ir. Es decir, definimos un destino. Mientras que para la Misión ponemos de manifiesto que es lo que debemos hacer para llegar a allí.

Llegamos a la conclusión que, al contar con una clara definición de Visión y Misión de cualquier tipo de empresa, se pueden alinear de mejor forma sus estrategias, objetivos y todas sus acciones para lograr el éxito y generar un impacto significativo y si es posible de la forma mejor documentada.

Finalmente, para completar los tres elementos claves de un Plan de Negocios que mencioné, es necesario definir o dar una clara idea del "Valor" del Proyecto o de la empresa a definir o lanzar.

Esto tiene que ver con la propuesta que debe ser única y bien diferenciable de la oferta que se presenta ante los potenciales clientes y es la clave para que tanto sus servicios como los productos ofrecidos sean elegidos.

Aquí hay algunos ejemplos de valores que podrían ser incluidos en un Business Plan, teniendo en cuenta que lo que se ofrece es en general productos o servicios innovadores que ayudan a resolver de alguna manera problemas complejos o si es posible, remarcar que los mismos van a permitir lograr alguna mejora en la vida de los clientes.

Conviene dar detalles sobre la calidad aclarando que se van a superar las expectativas de todos los clientes.

También se debe siempre, dentro de lo posible aclarar algún aspecto sobre la Sostenibilidad de los servicios y/o producto remarcando que se siguen prácticas ecológicas, sociales y de responsabilidad.

Aclarando algo sobre nuestra variada experiencia con clientes y la personalización van a permitir darle más fuerza a la propuesta.

También se logra un gran poder diferenciador si se detalla en el "Plan" que tanto los productos como los servicios ofrecidos son bien seguros, confiables y en especial, que protejan la privacidad y la seguridad de los clientes.

Capítulo I - La importancia de los "Planes de Negocios"

Capítulo II

Herramientas de análisis de "Planes de Negocios"

A. PESTEL, CAME y FODA

No podía dejar de dedicar un capítulo para explicar de la forma más simple y práctica posible la fuerza que poseen algunas herramientas y en especial el Template conocido con la sigla de **PESTEL**, que junto a otras dos denominadas **FODA** y **CAME** nos ayudan a planificar.

Todas ellas se usan para llevar a cabo análisis utilizados en el ámbito empresarial para evaluar los dos entornos, el interno, así como también el externo de una organización y ambas están vinculadas a identificar sus fortalezas, de las debilidades, oportunidades y en especial las amenazas que pueden poner en peligro la implementación de un proyecto o lanzamiento al mercado de una empresa.

El template **PESTEL** es utilizado en el análisis del Microambiente de una Empresa y cada una de sus letras tienen que ver con los aspectos Políticos, Económicos, Sociales, Tecnológicos,

Legales y el que no podía dejar de faltar, el medio ambiente (Environment), elementos que sin duda siempre, de una forma u otra influencian a cualquier tipo de negocios.

Todos estos elementos son claves para definir el alcance de cualquier tipo de negocios dentro de un "Business Plan", ya que nos permiten estar mejor preparados para afrontar todos los hechos que se suscitan al poner en marcha una empresa o bien lanzar cualquier tipo de proyectos.

También se usan para ayudar a definir buenas estrategias para llegar a mejorar el desempeño y la competitividad apoyándose a trabajar en entorno a estos cuatro elementos.

Dentro de **FODA** (*Fortalezas – Oportunidades - Debilidades y Amenazas*) se estudian cada uno de estos conceptos claves que no pueden dejar de analizarse al lanzar cualquier tipo de proyectos o iniciativa empresarial, ya que el conocerlos nos permite dar un gran paso al futuro, pero con grandes posibilidades de lograr los resultados esperados.

Seguidamente hago una breve descripción de cada uno antes de seguir adelante con la otra herramienta:

Fortaleza: representa dentro de una empresa o proyecto las características internas positivas o iniciativa en general por ejemplo para lanzar una empresa que la distinguen de otras y le proporcionan claras ventajas competitivas. Siempre se recomienda aclarar con el máximo de detalle el poder diferenciador de la empresa, para marcar una ventaja competitiva.

Por otro lado, las **Oportunidades** están representadas por todos los factores externos donde se ponen de manifiesto las mismas y que se encuentran al alcance de las personas que forman parte de estos proyectos y que en general se pueden aprovechar para mejorar su desempeño y alcanzar sus objetivos fijados. Siempre se deja claro que la búsqueda constante de oportunidades es una cualidad que se encuentra próxima a los verdaderos exitistas.

Debilidades son todas las características internas negativas que se ponen de manifiesto y que en general, pueden ser un claro limitante para llegar a lograr un óptimo rendimiento y crear problemas que afectan la posibilidad de lograr el éxito esperado en el mercado.

Amenazas representan el último elemento del análisis donde se ponen de manifiesto todos los factores externos a manera de desafíos o riesgos para un proyecto u organización y que se transforman en cierta manera como una barrera que obstaculiza no sólo su crecimiento y éxito en los resultados esperados, sino en la misma supervivencia de este.

Por otro lado, la palabra **CAME**, es otra de las siglas de gran renombre, que representa a otra herramienta de gran utilidad y de uso práctico para salir al encuentro de los cuatro elementos descriptos como parte del Análisis FODA que se lleva a cabo para ayudar a neutralizar a fortalecer a algunos de los mismos.

Esta es la descripción presentada seguidamente, que espero permita apreciar no sólo su gran impacto en materia de planificación, control y organización, sino también para lograr unificar acciones dentro de toda la organización y que cada uno del personal que forme parte de esta nueva iniciativa tenga un verdadero sentido de pertenencia.

Este es el detalle de las cuatro letras de **CAME**:
C - Corregir *(Correct)*. Implica el hecho de llegar a identificar y abordar las debilidades internas de una organización, empresa o proyecto, para mejorar su rendimiento y competitividad. Esto puede implicar acciones para superar deficiencias en áreas como toda la gestión de recursos humanos, búsqueda de talentos, la eficiencia operativa, la documentación, definición de indicadores de cumplimiento de calidad (KPI) o bien claras definiciones sobre la calidad del producto o servicios y su poder diferenciador.

A - Adaptar *(Adapt)*. Consiste en ajustar la organización para aprovechar las oportunidades externas identificadas en el análisis FODA mencionado. Esto puede implicar cambios en estrategias de marketing, expansión a nuevos mercados o desarrollo de nuevos productos. Son parte de un ejercicio de organización que permite no sólo fortalecer el desarrollo de proyectos en general, sino lograr que los mismos se desarrollan de la forma más eficiente posible y con grandes beneficios para todo tipo de empresas.

M - Mantener *(Maintain)*. Acción clave a desarrollar para mantener dentro de lo posible y usufructuar todas las oportunidades que se presenten. Posicionamiento.

E - Explotar. Se refiere a conservar las fortalezas internas detectadas en el análisis efectuado para llegar a estar en mejores condiciones para poner en marcha una empresa. Esto implica la gestión eficaz de recursos y activos claves, así como la preservación de la cultura organizacional y la reputación de la marca.

Finalmente surge la necesidad de desarrollar estrategias para mitigar o contrarrestar las amenazas externas identificadas en el análisis **FODA**. Esto puede implicar la diversificación de productos, alianzas estratégicas o mejoras en la gestión de riesgos.

No cabe duda que estas dos herramientas, tanto **FODA** como **CAME**, son muy útiles y usadas para que directivos de las diferentes organizaciones evalúen su situación actual, identifiquen todas las posibles áreas de mejora y diseñen estrategias efectivas para alcanzar sus objetivos a largo plazo. Una forma de familiarizarse con estos cuatro elementos de ambas metodologías es estudiar cómo se han puesto de manifiesto en grandes y reconocidas empresas donde se pueden encontrar ejemplos concretos de los mismos.

Usando algunos de los tantos modelos generativos de Inteligencia Artificial, Chat GPT 4 o bien COPILOT y con preguntas simples, precisas y adecuadas, se podrán apreciar estos ejemplos mencionados. Esto es una forma de nuevos elementos que contamos hoy en día y que nos permite apreciar como la AI no deja de ayudarnos para que todos nosotros contemos con mejores elementos de planificación para salir al mercado con grandes posibilidades de éxito.

Análisis CAME - FODA

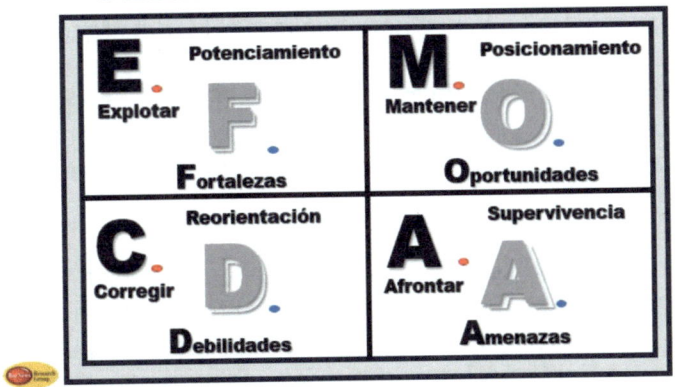

E. Potenciamiento / Explotar — **F**ortalezas	**M.** Posicionamiento / Mantener — **O**portunidades
C. Reorientación / Corregir — **D**ebilidades	**A.** Supervivencia / Afrontar — **A**menazas

También se presenta a continuación otra imagen que pone de manifiesto el uso de la herramienta **PESTEL** para la flamante organización denominada REBITI, la que no deja de crecer en todo Iberoamérica y que en el último evento de la CAC - Cámara Argentina de Comercio y Servicios en Argentina el 12 de marzo del 2024, en el desarrollo de la Misión Comercial

5.0, fue presentada como el gran paso que dio la Industria del Mundo Inmobiliario junto a CAMACOL (Cámara de Comercio Latinoamericana y de Servicios).

Factores del Análisis PESTEL

Políticas	**Económicas**	**Sociales**
• Leyes de los países.	• Impuestos en la Industria.	• Imagen Corporativa.
• Aspectos Regulatorios.	• Políticas de comisiones.	• Hábitos de consumo.
• Pautas de competencia.	• Planes de Negocios.	• Satisfacción del Cliente.
• Modelos fiscales.	• Estabilidad gubernamental.	• Respeto a la propiedad.
Tecnológicos	**Ecológicos**	**Legales**
• Tecnologías Emergentes.	• Cultura de Reciclaje.	• Satisfacción del Cliente.
• Uso de AI y Blockchain.	• Procesos de Construcción.	• Seguridad en Construcción.
• Tokenización.	• Uso energía sustentable.	• Seguridad Laboral.
• Contratos inteligentes.	• Eficiencia energética.	• Licencias y permisos.

Esta herramienta se la usa para analizar el Medio Macro de un Negocio en base a los seis elementos que se presentaron en esta imagen cuando se hizo el análisis de REBITI y son la base para poner de manifiesto tanto las oportunidades como las amenazas que se pueden presentar mientras se lleve a cabo el desarrollo del proyecto.

A continuación, presentamos algunos de los detalles a tener en cuenta en cada uno de estos factores y en primer lugar debemos prestar gran atención a todos los aspectos regulatorios, políticas de gobierno las que pueden incluir restricciones de importaciones o exportaciones.

Los factores económicos se refieren a todas aquellas condiciones que de una u otra forma pueden afectar los negocios. Por ejemplo, inflación, tasas de interés, y GDP (El PBI - producto interno bruto que es la medida monetaria del valor de mercado de todos los bienes y servicios finales producidos en un período de tiempo específico por un país o países. El gobierno de un solo país utiliza con mayor frecuencia el PBI para medir su estado o salud económica.

En cuanto al factor social, es algo que nunca se debe descuidar al llevar a cabo este análisis, y son impactados por ciertas tendencias sociales y cambios que siempre pueden llegar a afectar los negocios. Esto se relaciona con estilo de vida de los ciudadanos y los aspectos demográficos.

Los factores tecnológicos son los que más sufren el impacto de los cambios de paradigmas y no se los puede dejar de considerar. Por ejemplo, los desarrollos actuales de la Inteligencia Artificial, la incursión de la tecnología de Blockchain y la tokenización y el advenimiento de los contratos inteligentes que están cambiando varias áreas de negocios.

Otro de los factores, que es el legal, tiene gran relación con la propiedad intelectual, las marcas y patentes y que normalmente no son muy tenidos en cuenta. Todos estos cambios a veces no muy bien conocidos, suelen tener gran impacto en los más variados escenarios de negocios.

El último factor es el que se relaciona con el medio ambiente, hoy en día un área a la que se le presta mucha atención en todos los Pasos que marca la cadena de valor de cualquier tipo de negocios y los cambios climáticos, la polución, reciclado, y todo lo que envuelve la economía circular.

Sin duda es algo tedioso el tratar de tener en cuenta cada uno de estos seis factores, pero cuando se hace este análisis con gran dedicación y profundidad, es increíble el beneficio que se logra para el proyecto en juego y todos los relacionados con el mismo.

B. La inclusión de estas herramientas en los planes

Una vez analizados todos los componentes de estas herramientas, lo más importante es cómo se incorporan los resultados de sus respectivos análisis en los Planes de

Negocios. Cuando presentamos todos estos temas en los workshops, la primera impresión es que es una tarea algo tediosa y complicada, pero cuando se entra en tema y además se tienen en cuenta la importancia de detectar ciertos factores que pueden ayudar significativamente el desarrollo de futuras operaciones la gente en general se suma a los que apoyan el uso de todas estas herramientas.

Esta es un área donde la AI está tomando un gran ímpetu ya que el uso de los modelos generativos ayuda ahora a los especialistas de armar estos planes de negocios a llevar a cabo estos análisis con un gran apoyo.

Modelos tales como los de COPILOT, Meta AI, GPT, Grok, Geminis y otros, son los que permiten apoyarse en la etapa de análisis para llevar a cabo mejores Planes de Negocio.

En estos planes cuando deseamos definir el valor de una determinada propuesta, nos estamos refiriendo a presentar un poder diferenciador que ofrece la empresa a todos sus clientes, o bien al mercado objetivo, y es sin duda la base clave para que los potenciales clientes decidan finalmente transformarse en clientes reales.

Estas son las principales condiciones que se deben tener en cuenta para lograr ese tan anhelado poder diferenciador de las propuestas para que logren el impacto esperado. En todos estos planes debería quedar bien claro que se han tenido en cuenta las siguientes condiciones en la oferta presentada:

- **Innovación:** Ofrecer productos o servicios innovadores que resuelven problemas complejos o mejoren la vida de los clientes.
- **Personalización:** Ofrecer productos o servicios personalizados adaptados a las necesidades individuales de cada cliente.
- **Sostenibilidad:** Contribuir a un futuro más sostenible a través de prácticas ecológicas, sociales y de responsabilidad.
- **Calidad:** Proporcionar productos o servicios de alta calidad

que superen las expectativas de los clientes.
- **Experiencia del cliente:** Brindar una experiencia del cliente excepcional a través del servicio al cliente, la atención al detalle y la satisfacción garantizada.
- **Rentabilidad:** Proporcionar valor a los clientes a un precio competitivo, lo que hace que el producto o servicio sea una buena inversión.
- **Accesibilidad:** Hacer que los productos o servicios sean accesibles a un público amplio, independientemente de su ubicación geográfica o sus recursos financieros.
- **Seguridad:** Proporcionar productos o servicios seguros y confiables, que protejan la privacidad y la seguridad de los clientes.
- **Transparencia:** Ser transparente en todos los aspectos del negocio, desde la producción hasta la comunicación con los clientes.

Todos estos elementos detallados son en definitiva los que permiten dar valor a cada una de las propuestas que se preparan y es clave siempre tenerlos en cuenta.

C. La Matriz de Igor Ansoff.

Es una de las herramientas más versátiles para apoyarse en las tareas de planificación estratégica que proporciona un marco para ayudar a los ejecutivos, altos directivos y consultores especialistas en marketing a diseñar modelos para facilitar el crecimiento empresarial.

Lleva el nombre del ruso-estadounidense Igor Ansoff, un estudioso matemático y especialistas en gestión organizacional y método y temas de creación y organización de empresas y de nuevos negocios.

Ansoff, en su artículo de 1957, "*Estrategias para la diversificación*", proporcionó una definición de estrategia de mercado de productos como "una declaración conjunta de una línea de productos y el correspondiente conjunto de misiones para las cuales los productos están diseñados".

En su atractivo y difundido modelo, él describe cuatro alternativas de crecimiento para hacer crecer una organización en mercados nuevos o existentes, con productos nuevos o existentes.

Cada alternativa plantea diferentes niveles de riesgo para una organización.

Penetración de mercado. Utilizando esta idea la organización intenta crecer utilizando sus ofertas existentes (Productos y Servicios) en los mercados existentes. En otras palabras, intenta aumentar su cuota de mercado en el escenario actual. Esto implica aumentar la cuota de mercado dentro de los segmentos ya existentes. Esto se puede lograr vendiendo más productos o servicios a clientes establecidos o encontrando nuevos clientes dentro de los mercados en los que ya está operando. Aquí, la empresa busca aumentar las ventas de sus productos actuales a través de una promoción y distribución más agresivas.

Esto se puede lograr mediante:
- Disminución de precios
- Aumento del apoyo a la promoción y distribución.
- Adquisición de un rival en el mismo mercado.
- Modestos refinamientos del producto.
- Iniciación de campañas de mercadeo bien agresivas.

Esta es la opción de crecimiento menos riesgosa.

Desarrollo de mercado. En una estrategia de desarrollo de mercado, una empresa intenta expandirse a nuevos mercados (geografías, países, etc.) utilizando sus ofertas existentes y también con un desarrollo mínimo de productos/servicios.

Esto se puede lograr mediante:
- Logrando incrementar diferentes segmentos de clientes.
- Compradores industriales de un bien que antes se vendía sólo a los hogares.
- Nuevas zonas o regiones del país.
- Mercados extranjeros

Es más probable que esta estrategia tenga éxito cuando:
- La empresa tiene una tecnología de producto única.
- Se beneficia de economías de escala si aumenta la producción.
- El nuevo mercado no es muy diferente de aquel en el que tiene experiencia
- Los compradores en el mercado son intrínsecamente rentables.

Este movimiento de cuadrante adicional aumenta la incertidumbre y, por tanto, aumenta aún más el riesgo.

Desarrollo de productos. En una estrategia de desarrollo de productos, una empresa intenta crear nuevos productos y servicios dirigidos a sus mercados existentes para lograr crecimiento. Esto implica ampliar la gama de productos disponibles para los mercados existentes de la empresa.

Estos productos podrán obtenerse mediante:
- Inversión en investigación y desarrollo de productos adicionales;
- Adquisición de derechos para producir el producto de otra persona;
- Comprar el producto e "identificarlo" como su propia marca;
- Desarrollo conjunto con otra empresa que necesita acceso a los canales de distribución.

Esto también consiste en un movimiento de un cuadrante, por lo que es más riesgoso que la penetración del mercado y un riesgo similar al del desarrollo del mercado.

Diversificación. En la diversificación, una organización intenta aumentar su participación de mercado mediante la introducción de nuevas ofertas en nuevos mercados. Es la estrategia más arriesgada porque se requiere desarrollo tanto del producto como del mercado.

Diversificación relacionada: existe una relación y, por lo tanto, una sinergia potencial, entre las empresas en los negocios existentes y el nuevo producto/espacio de mercado.
(a) Diversificación concéntrica, y (b) integración vertical.

Diversificación no relacionada, también denominada "crecimiento de conglomerado" porque la corporación resultante es un conglomerado, es decir, un conjunto de empresas sin ninguna relación entre sí. Una estrategia para el crecimiento de la empresa mediante la creación o adquisición de negocios fuera de los productos y mercados actuales de la empresa.

La diversificación consta de movimientos de dos cuadrantes, por lo que se considera la opción de crecimiento más riesgosa.

Capítulo III

Distintos tipos de "Planes de Negocios"

A. Primera Clasificación

Al concluir gran parte de nuestras entrevistas para completar algunos de los capítulos programados de este nuevo libro: **Todo sobre Planificación**, pude advertir que existe a todo nivel del empresariado una gran confusión con la variación de los distintos tipos de Planes de Negocios existentes, impacto y alcance de estos y en especial confusiones entre el tradicional Plan de Negocios y el Plan Estratégico.

Sin duda es importante hacer un esfuerzo para tratar de definir de la gran variedad existente de estos planes, el que más se ajuste a nuestras necesidades e intentar presentar una suerte de clasificación para que esta información sea útil a todos aquellos que se vean envueltos en la tarea de planificar.

Cuando se trata de profundizar en este tema, surgen la gran variación de planes y también la necesidad imperiosa de definirlos, clasificarlos, compararlos y tratar de entender de qué forma se interrelacionan y complementan y cuando conviene usar uno u otro y ante qué tipo de público o potenciales clientes.

Todos estos modelos de planes que se describen a continuación son los más comunes que surgieron de un primer análisis exhaustivo y que se detallan en información existente.

Confieso que me apoye en algunos modelos generativos de Inteligencia Artificial, en especial en los más reconocidos tanto a nivel académico como de negocios, como son el caso de Chat GPT, Meta AI, Grok y en especial COPILOT, el que se encuentra ocupando toda la atención de gran cantidad de usuarios, para llegar a tener una clara idea de que es lo que se puede encontrar en la documentación existente en los más diversos medios y países.

Existen varios tipos de planes de negocios y a continuación se presentan los considerados más difundidos y usados en los más diversos medios:

1. Plan de Negocio Tradicional: Es un documento de trabajo bien detallado que describe el alcance de la empresa, las principales características del mercado, sus productos y servicios, un análisis de las características del negocio a realizar en cuanto a Debilidades, Fortalezas, Amenazas y lo más importante las Oportunidades que se suelen presentar.

   a. Propósito:

   i. El plan de negocios es una herramienta que crea una ruta de lanzamiento para un nuevo emprendimiento o proyecto.

   ii. Su naturaleza es más efímera, generalmente con un alcance de menos de dos años.

   b. Contenido:

   i. Se concentra en aspectos pragmáticos y operativos.

   ii. Incluye:

   1. Resumen ejecutivo: Una síntesis concisa del negocio.

   2. Descripción de la compañía: Información sobre la empresa y su contexto.

   3. Productos y servicios: Detalles sobre lo que se ofrecerá al mercado.

4. Análisis de mercado: Evaluación de la oportunidad y competidores.
5. Estrategia e Implementación: Cómo abordar la problemática.
6. Equipo de organización y gestión: Quiénes están involucrados.
7. Plan financiero y proyecciones: Aspectos económicos y financieros.

c. Importancia:
  i. Proporciona una visión clara y es crucial para buscar financiamiento.
  ii. Ayuda a definir inicialmente el negocio.

2. **Plan de negocio de lanzamiento:** un plan para lanzar un nuevo producto o servicio, que incluye objetivos, estrategias y presupuesto dentro de lo posible con el uso de indicadores temporales.

3. **Plan de negocios de crecimiento:** Es en realidad un plan apoyado en la situación actual trata de expandir una empresa existente, que incluye estrategias para aumentar la cuota de mercado y la producción.

Este plan tiene como objetivo principal mostrar las oportunidades de un negocio si recibe el financiamiento necesario o si obtiene una alianza adecuada. Debe ser tentador para los interlocutores al mostrar qué ganarían al apostar al crecimiento de una empresa ya establecida.

Principales características:

- Muestra proyecciones financieras sólidas con base en diversos niveles de financiamiento.
- Pone el relieve en el valor de la empresa dentro de una asociación o fusión, en caso de que sea una posibilidad.
- Define qué tipo de recursos se necesitan en cada área estratégica.

- Habla de forma precisa acerca del marketing o publicidad que aumentará el reconocimiento de la empresa.

Cuando busque que su negocio crezca de una forma sostenida, con un riesgo moderado tanto para su empresa como para los inversionistas.

Ahora que ya puede vislumbrar el tipo de plan que necesita, sería ideal experimentar tratando de escribir al menos un plan o ajustar el existente.

4. Plan de negocios LEAN: una versión más concisa y flexible del plan tradicional, enfocada en la acción y la experimentación. Este tipo de planes fue desarrollado por Eric Ries como parte de su metodología LEAN Startup. Ries es un empresario y autor estadounidense conocido por su enfoque innovador en la creación y gestión de startups.

El concepto de este tipo de planes cada vez más difundidos, se centra en la creación de un documento de trabajo que sea ágil, flexible y adaptable a medida que una empresa emergente evoluciona y recibe retroalimentación del mercado. En línea se encuentran una gran cantidad de estos modelos, por ejemplo en *Edir.org*.

En lugar de los planes tradicionales que pueden ser largos y detallados, los planes LEAN se enfocan en la ejecución rápida y en la validación continua de hipótesis a través de experimentos con clientes.

Creo que es conveniente definir qué es lo que realmente significa esta palabra LEAN ya que su idea se puede aplicar en todo tipo de planes y trabajos en general. Yo tuve la suerte de apreciar este concepto durante mi estadía en la Ciudad de Nagoya, Japón, donde se encuentra la central de la TOYOTA, empresa que podríamos asegurar, es la cuna de este tipo de planes.

La palabra LEAN trae aparejado un enfoque de gestión

empresarial que se centra en la maximización del valor para el cliente al tiempo que se minimizan todo tipo de desperdicios y actividades que no añaden valor al proyecto. La palabra "LEAN" proviene del término inglés que significa "delgado" o "esbelto" y que da una idea de un elemento sin desperdicios.

El objetivo principal del enfoque LEAN es optimizar los procesos, eliminar actividades innecesarias, reducir costos, mejorar la calidad y aumentar la eficiencia. Este enfoque se originó en la manufactura, específicamente en Toyota, con el desarrollo del Sistema de Producción Toyota (TPS), pero luego se extendió a otras áreas como los servicios, la tecnología y la gestión empresarial en general. En resumen, LEAN busca hacer más con menos, identificando y eliminando desperdicios en todas las áreas de una organización.

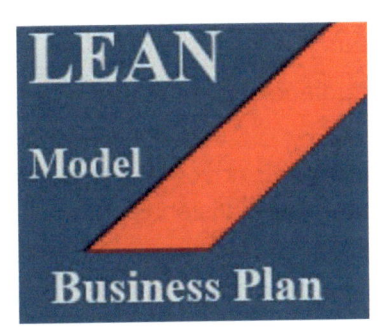

Recomiendo acceder a este website donde existen los modelos CANVAS de LEAN para crear un plan. Usar Google y se localiza fácilmente el mismo.

Fuente: Brach website y Toyota Website.

5. Plan de negocios de reestructuración: un plan para reorganizar una empresa que se encuentra en dificultades, que incluya primera determinar el estado actual para definir donde se encuentran los problemas y seguidamente proponer ajustes para resolver situaciones conflictivas teniendo como base la reducción de costos y lograr una mejora de eficiencia, la que debería quedar perfectamente documentada y que se pueda hacer un seguimiento de los cambios logrados.

6. Plan de negocios de innovación: un plan para desarrollar y lanzar productos o servicios innovadores, teniendo dentro de lo posible, una variada cantidad de elementos que lo presente como disruptivo y que además se enfatice sobre la nueva oferta con un gran poder diferenciador.

7. Plan de negocios de internacionalización o Globalización: un plan para expandir una empresa a nuevos mercados internacionales, incluyendo nuevas pautas de mercadeo, embalaje y atención directa al cliente.

8. Plan de Negocios de una hoja. Es un plan que se lo puede considerar como el Resumen Ejecutivo de un Plan de Negocios Tradicional.

Características de este tipo de plan:
- Es muy breve y menciona solo los puntos clave del plan.
- Es útil para emocionar a la audiencia y motivarla a ser partícipe de un proyecto.
- Requiere añadir detalles acerca de la inversión inicial y proyección de rendimientos para que la visión de negocio no se quede en el aire.
- Puede ser presentado como un resumen ejecutivo (como la parte inicial de un plan más extenso).

Cuando debe presentar su idea de negocio ante una audiencia exigente y ocupada, que necesita saber en unas cuántas líneas por qué debería arriesgar sus recursos en lo que se ofrece.

9. Plan de negocios de empresa social: un plan para crear una empresa que aborde temas con gran contenido social y además los cuidados ambientales.

Cada tipo de plan de negocios se define según los objetivos y necesidades de la empresa, y debe siempre incluir en mayor o menor escala los siguientes elementos:
- Análisis de la situación actual.
- Buen "Resumen Ejecutivo", donde se ponga de manifiesto en forma bien resumida todo lo que se ha detallado en el plan.
- Visión, Misión, Valor y Objetivos bien definidos.
- Definición detallada del Modelo de Negocio.

- Análisis exhaustivo del mercado y competencia. (PESTLE, FODA y CAME)
- Estrategias de marketing y venta.
- Plan financiero y presupuesto. Definición de break point.
- Plan de gestión y organización. Organigrama, funciones y Manual de Operación.
- Plan de innovación y desarrollo.
- Plan de componente social y resguardo del medio ambiente.

Es importante destacar que cada plan de negocios independiente del tipo que se utilice debería ser único, de conocimiento y aceptación por todos los que integran la empresa, perfectamente documentado, actualizado y contar con variados elementos de medición (KPIs) y deben adaptarse a las necesidades específicas de cada empresa.

10. Plan de negocios operativo
Un plan de negocios operativo tiene su enfoque en la viabilidad de las operaciones y cómo deben organizarse conforme con un objetivo, casi siempre financiero. La importancia de este plan de negocios es que permite a las compañías con trayectoria asentar sus prácticas y delimitar las responsabilidades.

También es apto para los negocios que están en un balance financiero adecuado y que buscan crecer de una forma discreta, pero sostenida.

Características de un plan de negocios operativo:

- Delimita los objetivos generales y por área a seguir dentro de un periodo corto o mediano.
- Pone el énfasis en los indicadores a monitorizar y los responsables de que se alcancen los objetivos.
- Proyecta los recursos financieros, tecnológicos y humanos de una forma precisa.
- Define las fases de cumplimiento y las operaciones involucradas en cada una.

- Sirve sobre todo a nivel interno y para las partes interesadas.

¿Cuándo usar un plan de negocios operativo?: Cuando tenga un negocio establecido que busque su rentabilidad por medio de operaciones bien definidas. Asimismo, al inicio de un proyecto que tenga un enfoque en los objetivos financieros y cómo alcanzarlos.

Tipos de planes de negocios por extensión

11. Plan de negocios estándar
Un plan de negocios estándar presenta de forma más extensa sus elementos. Por lo regular, su estructura contiene la definición del negocio, un estudio de mercado, análisis de inversiones, organización, recomendaciones y más elementos.

Características de un plan de negocios estándar:

- Incluye todo lo necesario para comprender de un vistazo la meta a largo plazo de negocio y cómo se relaciona con ciertos objetivos.

- Ayuda a las personas interesadas a sumergirse en el análisis, ya sea de los recursos financieros, recursos humanos, mercado, demanda o de otros aspectos.

- Muestra a fondo la viabilidad del proyecto.

- Pone el negocio en el contexto de su público y las características de la competencia.

- Permite a los inversionistas más técnicos entender el trasfondo de la visión estratégica.

Prácticamente, siempre se lo puede usar. Más allá del enfoque que tenga su plan, es necesario que realice un análisis exhaustivo que muestre los objetivos del negocio, las proyecciones financieras y las maneras en que logrará poner en marcha sus componentes. Incluso si entusiasma a los inversionistas con una presentación breve, este documento le servirá como referencia para sus estrategias y para mejorarlas en el futuro.

12. Plan de negocios de factibilidad. Un plan de negocios de factibilidad está enfocado en el mercado, posible demanda y rentabilidad futura. Por lo regular, es utilizado por startups que buscan una amplia inversión inicial, con la promesa de llevar un producto innovador al mercado.

Características de un plan de negocios de factibilidad:

- Incluye un análisis de mercado preciso para responder la pregunta: ¿quién comprará esta solución?
- Delinea claramente las características del mercado en el que se pretender ingresar y las posibilidades de éxito.
- Muestra cuándo y cómo se alcanzarán los objetivos financieros.
- Se trata de planes altamente técnicos que requieren de la intervención de analistas financieros internos e incluso de revisores externos.

Cuando tenga una idea de negocio innovadora que pueda atraer a personas con una alta capacidad de inversión. No sólo deberá vender su producto, sino mostrar quiénes serán sus compradores y qué tan rentable será esta base para lograr los mayores márgenes de rentabilidad.

13. Plan de negocios de escenarios posibles. Un plan de negocios de escenarios posibles, también conocido como what-if («¿y si...?») tiene por objetivo mostrar cuáles son las probabilidades y riesgos de un negocio.

Características de un plan de negocios de escenarios posibles:

- Muestra dos o tres escenarios posibles derivados de una decisión de negocio: cambiar el giro principal, añadir una línea de productos original y generar una alianza estratégica a largo plazo.
- Tiene como fin mostrar los niveles de riesgo y, en ocasiones, alentar a las partes interesadas a hacer movimientos empresariales menos discretos de lo usual, pero que

pueden representar altas ganancias.

- Ayuda en los casos en que un negocio no tiene buenos pronósticos en sus circunstancias actuales y debe arriesgarse para mantenerse a flote.

Úselo si su negocio está pasando por un momento delicado y se encuentra en un entorno cambiante, en tanto que le dará la pauta para correr más riesgos, con el objetivo de que la empresa se mantenga a flote e incluso pueda llegar crecer. También es apropiado para emprendedores más arriesgados que buscan renovar sus compañías de una forma poco previsible o por medio de adquisiciones o fusiones de alta inversión y riesgo.

Un buen ejercicio es realizar un plan de negocios de una página, en tanto que está pensando para presentarlo ante un grupo de inversionistas y convencerlos en unos pocos minutos.

Este tipo de plan ayuda a encontrar lo más relevante de la idea de negocio y debe ser lo suficientemente conciso e impactante.

B. La difícil tarea de seleccionar el plan ideal.
Después de haber completado todo este análisis sobre la gran variedad de planes de negocios existentes, nos podemos preguntar cómo puede ser posible que, con tantas alternativas, tantas experiencias vividas, tantas herramientas existentes al alcance de las manos de empresarios a todo nivel, tanta documentación de apoyo todavía el llegar a concebir un **"Buen Plan de Negocios"** no es algo muy común y aparentemente sencillo.

Algunos empresarios y especialistas alegan que puede ser que existan más planes de lo que sale a la luz cuando llevamos a cabo un análisis y entrevistamos a la gente, es que se dan muchos casos que existen documentos simples de control y seguimiento de acciones, de mediciones presupuestarias, que permiten llevar a cabo el desarrollo de negocios de empresas y que estos planes no están presentados como tales, sino a veces son simples documentos de apoyo al trabajo diario.

Con los procesos de digitalización que todos estamos viviendo, con el advenimiento de cursos en línea, eventos, foros y congresos, siempre en los mismos surgen de una forma u otra la imagen de los planes de negocios, y cada día, los mismos se hacen más populares especialmente los conceptos de Visión, Misión y Valores que forman parte de ellos para todo lo que tenga que ver con la gestión de empresas a todo nivel.

Me tocó contactar una gran cantidad de dueños de empresas o negocios de barrios como parte de un proceso de análisis para llegar a determinar qué era lo que en realidad estaba sucediendo con los diversos tipos de planes, especialmente cuando estaba dedicado en escribir el libro *"El Empresario y la Empresa Familiar del Futuro"*.

Me encontré con casos muy exitosos donde los resultados se los atribuía a la creatividad, astucia y capacidad de los dueños de estas empresas, del personal que supieron contratar y que los dueños aseguraban que les iba muy bien y que se encontraban ganando más de lo que se imaginaban, pero que no contaban con una Plan de Negocios como guía para todas sus operaciones y decisiones. Eso sí, tenían anotaciones en libreta donde registraban todo lo que hacían y lo más importante, todos sus clientes estaban felices y se atendían a tiempo todos los pedidos y en especial, quedaba todo registrado.

Los entrevistados alegaban que les dedicaban atención diaria a todas las operaciones y que poseían una línea de mando muy bien definida y clara y ellos pensaban que esa era una de las claves del éxito logrado.

No se puso de manifiesto una resistencia a los planes, sino que se notó un gran interés por los mismos, pero se ponía en evidencia que la presión por salir adelante con los negocios y toda la operación de la empresa en juego era más importante que detenerse a hacer un plan.

La mayoría de los que participaron en el análisis y fueron contactados, estuvieron de acuerdo que si se brindaban algunas secciones o eventos para explicar sencillamente como

Capítulo III - Distintos tipos de "Planes de Negocios"

confeccionar estos planes con casos concretos y sin parar las operaciones, no tendrían problemas en sumarse y buscar alguna alternativa para tratar de mejorar sus operaciones.

Capítulo IV

PERT al servicio de la Planificación

A. Principios Básicos

La idea en este capítulo es detallar una técnica que se usa con gran frecuencia en planificación para definir todos los pasos a dar y que son necesarios para llevar a cabo la ejecución de un determinado proyecto. Vamos a hablar de actividades, de redes y de tiempos para ejecutar las mismas y también tratar de explicar las ventajas que surgen al aplicar estos conceptos para gestionar la ejecución de proyectos.

Esta técnica denominada **PERT (Program Evaluation and Review Technology)** tuve la suerte de ser uno de los primeros en estudiarla cuando me encontraba llevando a cabo como Oficial de Marina en Argentina, un relevamiento para medir la profundidad del canal de acceso al puerto de Buenos Aires.

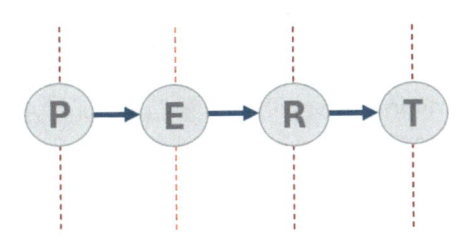

El elemento básico de una RED es la tarea, la misma que se identifica con un nombre, una duración y una fecha de comienzo y de finalización. Esta tecnología se usó desde ya hace varios años con gran éxito en CAMACOL para el desarrollo de su Congreso Hemisférico que cumplió ya 45 años de vida en este año – 2024.

Normalmente en el desarrollo de estas redes se trabaja con tiempos determinísticos, es decir que cuando hablamos de una duración de 10 días no tenemos en cuenta ninguna demora ni adelanto de esa tarea, pero la realidad es que en la mayoría de los proyectos es que sabemos que el tiempo medio es de 10 días, pero la experiencia muestra que se podría llevar a cabo por ejemplo en algunos casos 3 días antes o sea a los 7 días o también se pueden dar casos que termine tres días después, o sea que dure en total 13 días.

Aquí aparecen los tiempos estocásticos, el valor medio, µ (mu) es la media o sea de 10 unidades y surge también la desviación estándar, medida estadística que mide cuánto se dispersan los valores en torno a su promedio.

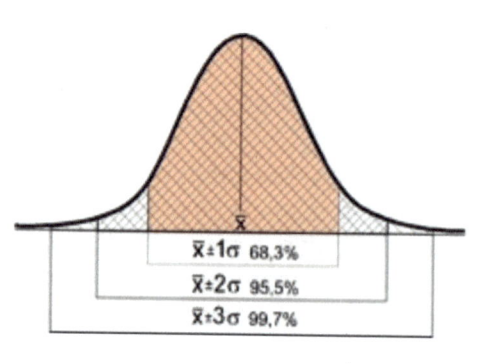

$\bar{X} \pm 1\sigma$ 68,3%
$\bar{X} \pm 2\sigma$ 95,5%
$\bar{X} \pm 3\sigma$ 99,7%

En esta imagen vemos que este valor está representado o lo que se denomina el desvío estándar.

Aparecen unos valores de probabilidad y esto quiere decir que para este caso el 50% de probabilidad es que lo terminemos a los 10 días de comenzar esta tarea y casi el 100% de probabilidad que a los 13 días 13 horas la terminemos. También se pone de manifiesto que existe el mínimo de probabilidad de concluir esta tarea a después de 7 horas.

La superficie que se refleja debajo de la curva de Gauss representa el 100% de probabilidad de que terminemos esta tarea entre 7 y 13 días.

Si tengo dos tareas o actividades, como se muestra en la gráfica siguiente:

Todo sobre Planificación

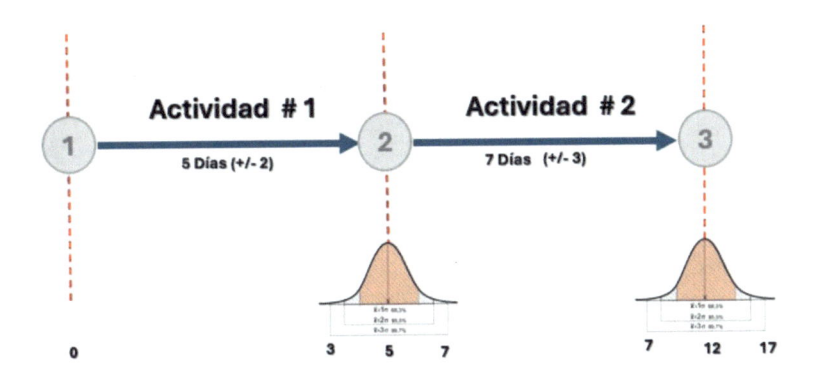

```
  1 ──── Actividad #1 ────▶ 2 ──── Actividad #2 ────▶ 3
         5 Días (+/- 2)              7 Días (+/- 3)

  0                        3   5   7              7   12   17
```

Hay que entender que la duración del proyecto es de 12 días y hay una probabilidad del 50% que se cumpla esa duración. También puedo asegurar con el 100% de probabilidad que el proyecto se va a terminar a los 17 días y casi 0% de probabilidad que se lo termine antes de los 7 días.

Es interesante tener en cuenta que para los que no están familiarizado con las curvas de Gauss, que el hecho de entenderla es realmente muy importante en la vida, ya que muy pocas personas son las que saben que la superficie que representa esta imagen es de valor 1 y eso significa certeza en términos de probabilidad.

Esto quiere decir que no queda ninguna duda que este proyecto se termina como máximo a los 17 días.

Siempre mientras estudiaba estos temas, varios profesores de muy buen nivel me aseguraban que el conocer esta curva y sus propiedades iban a brindarme una gran ventaja en la vida, ya que estos conceptos, se ponen de manifiesto en todos los proyectos que siempre nos rodean.

B. Red para escribir un libro

Aquí se presenta a continuación los 12 pasos que se pueden seguir con la ayuda de un diagrama PERT para llevar a cabo la creación o edición de un libro y que son los pasos que yo seguí para completar este que usted está leyendo.

ACTION PLAN (Mini PERT)
Principales pasos para escribir un Libro

Nodo 0: Inicio del Proyecto
- Definición del tema - "TITULO"
- Diseño General, Tapa, Contratapa
- 5 días
- Analizar obras similares Existentes
- Estudio de mercado
- 10 días
- Definición de Tabla de Contenido — 5 días

Nodo 1 → 2: Escribir Introducción, Agradecimiento y prólogo — 5 días

Nodo 2 → 5: Desarrollo de todos los capítulos programados
Revisión general y corrección de errores gramaticales
60 días

Nodo 3 → 6: Preparar imágenes y entrevistas vía ZOOM y videos
Detallar todas las fuentes utilizadas
10 días

Nodo 4 → 5: Programar evento de Lanzamiento
Definir material de Difusión-Promos

Nodo 5 → 7: Edición final del libro
Ajustes al modelo de AMAZON — 5 días

Nodo 6 → 7: Preparar presentación y Video de Lanzamiento — 5 días

Nodo 7 → 8: Publicación en amazon — 10 días

Nodo 8: Evento de Lanzamiento / Terminación del Proyecto

NEXUS INNOVA

Estas son todas las tareas que se concatenaron:

1. Definición de los objetivos de la obra y fijar el título de esta. En esta fase, se debe revisar lo que uno ha programado escribir es decir revisar la denominada tabla de contenido. Asegurarse de que el manuscrito satisfaga las expectativas y esté cerca del resultado deseado y de la visión determinada.

2. Lograr completar todos los capítulos y una vez terminados asegurarse que sean leídos por parte de dos o tres personas cercanas, familiares o amigos: es conveniente sumar en este proceso a una o dos personas experimentadas en estos temas para obtener una posición bien clara de cómo se aprecian los mismos y la secuencia programada.

   Estas personas pueden señalar problemas de redacción, claridad de ideas y detalles de todas explicaciones sobre herramientas recomendadas. Atender todos los comentarios y hacer los ajustes que surjan de estas revisiones. Evaluar siempre la organización de cada capítulo, la calidad literaria y el potencial comercial de todo el material preparado. Hay que hacer una suerte de análisis FODA, es decir, no dejar de identificar las fortalezas y debilidades y también las amenazas y oportunidades que se desean presentar en todos los mensajes intercalados.

3. Dedicar tiempo a corregir errores gramaticales, ortográficos y en general los de estilo. La claridad es esencial para que

los lectores disfruten del libro, de sus mensajes y se sientan parte de él en base a los temas tratados. Ellos deben ser los que lo usen como una guía y además lo recomienden siempre.

4. Asegurarse de que el diseño visual y editorial sea armonioso y legible. Usar dentro de lo posible, imágenes bien claras y que se entiendan.
5. Organizar todo el contenido de manera coherente y definir todos los capítulos, secciones y elementos gráficos de la forma más ordenada posible.
6. Revisión de contenido: Leer cuidadosamente el manuscrito completo desde el principio. Verificar la coherencia, la estructura y la fluidez.
7. Edición de estilo: Asegurarse de que el tono y el estilo sean uniformes. Eliminar redundancias y mejorar la expresión revisión final.
8. Leer el libro una vez más para detectar cualquier detalle que haya pasado desapercibido. Verificar la consistencia y la precisión de cada uno de los temas tratados. No descuidar el mencionar todas las fuentes utilizadas.
9. Creación del libro digital: Convertir la obra en un formato digital (por ejemplo, ePub o PDF).
10. Entrelazar todas las tareas con un diagrama, donde se vean las interrelaciones de cada una de las taras definidas y dentro de lo posible los tiempos involucrados.
11. Incluir dentro de lo posible unas notas y videos de por lo menos 10 reconocidos especialistas que estén dispuestos a comentar temas que ayuden al lector a contar con mayores elementos para adoptar esta metodología y entender todos los temas tratados en base a claros ejemplos reales.
12. Programar un buen cierre y lanzamiento de la obra donde se defina claramente el alcance de esta y sus limitaciones.

Hay que tener en cuenta que cada autor posee su propia metodología, pero estos pasos descriptos, pueden ser utilizados como una guía para editar un libro con gran éxito y a mí el seguirlo, me ayudó mucho en todas mis obras.

C. El Camino Crítico.

Cuando hablamos de una red, de una gran cantidad de tareas o actividades interconectadas es importante estar en condiciones de detectar cual es el "Camino Crítico", es decir aquel por el que se detallan las actividades en las que cualquier demora en las mismas pueden producir demoras en todo el proyecto.

Con la ayuda de un gráfico en el que se detalle una red muy simple, también va a resultar muy sencillo explicar lo que realmente significa este camino tan especial.

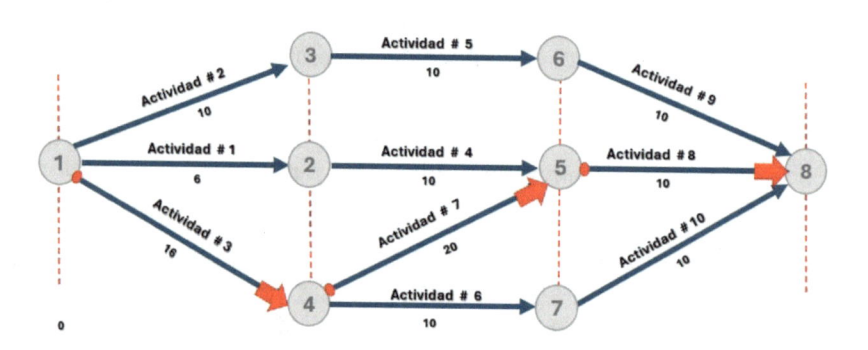

Dado que una actividad no puede comenzar antes que se termine la que la antecede. Del nodo1 parten tres actividades al mismo tiempo. La actividad #4 comienza una vez terminada la #1 y seguidamente la # 8.

A simple vista podemos apreciar que este proyecto va a durar **46 unidades** y que queda marcado con flechas de colores el denominado *Camino Crítico*, donde cualquier demora en las actividades 3, 7 y 8 van a provocar demoras en todo el proyecto. Las actividades # 6 y la #10 se pueden demorar hasta 10 unidades sin afectar la terminación del proyecto. Las actividades 1 y 4, se pueden demorar hasta 20 unidades también si afectar la terminación del proyecto. El uso de esta metodología nos ayuda a centrar la atención en las actividades críticas y demás esta decir que hay que controlar todos los tiempos, porque este camino crítico puede variar con el tiempo si se producen algunas demoras en las actividades que no son las críticas.

Al trabajar con tiempos determinísticos hablamos de que la probabilidad de cumplimiento de cada tarea es del 100% y por lo tanto podemos asegurar que de no producirse cambios en el desarrollo de estas actividades la probabilidad de terminarlo en 46 unidades es del 100%.

Si en cambio, hablamos de tiempos estocásticos, es decir que en cierta medida depende de leyes del azar se complica un poco el cálculo y entran a jugar un rol importante los valores medios y las desviaciones estándares.

Por ejemplo, que una actividad puede durar en términos medios 10 unidades y puede terminarse 2 días antes o dos días después de esa fecha definida y es aquí donde nuevamente la curva de Gauss se hace presente y se tiene en cuenta para definir los tiempos probables de concluir este proyecto.

Estos valores son muy importantes ya que en las obras cuando se determinan penalidades por demoras en la conclusión de un proyecto, los entendidos lo aceptan sin problemas, pero también exigen considerar premios para el caso que se termine antes.

D. Método Montecarlo

El método Monte Carlo es una *técnica estadística y computacional* utilizada para aproximar soluciones a problemas matemáticos mediante la generación de números aleatorios o del azar. Se utiliza especialmente en situaciones donde la solución analítica exacta es difícil o imposible de obtener, pero donde es posible simular el proceso subyacente para lograr una aproximación.

La esencia del método Monte Carlo radica en la idea de utilizar muestras aleatorias para estimar características de un sistema o proceso. Estas muestras con números del azar, por ejemplo, los generados a través del modelo Fibonacci, son utilizadas para simular múltiples escenarios posibles, y luego se calcula una variable o estadística resumen (como la media, la mediana, la desviación estándar, etc.) basada en estos resultados simulados.

Capítulo IV - PERT al servicio de la Planificación

El nombre "Monte Carlo" proviene del famoso casino de Montecarlo en Mónaco, donde el azar y la aleatoriedad son la clave del éxito para lograr resultados esperados.

Este término fue acuñado por científicos que trabajaban en el desarrollo de la bomba atómica durante la Segunda Guerra Mundial, quienes adoptaron la analogía del azar presente en los juegos de casino para describir la naturaleza aleatoria de este método.

A Monte Carlo se lo define como una técnica probabilística que utiliza muestras aleatorias para aproximar soluciones numéricas a problemas matemáticos y científicos. Es una herramienta poderosa y versátil que se aplica en una amplia gama de campos, especialmente en la elaboración de Planes de Negocios en el mundo económico financiero. Fuente: Libro de Montecarlo de Sylvester y Sosa Escalada.

Como dato ilustrativo me da gusto recordar que con el Profesor Gerardo Sylvester dictamos juntos una cátedra en la Universidad Tecnológica sobre Investigación Operativa y modelos Estocásticos aplicados a PERT (Análisis de la RED en la Planificación, Programación y Control).

El Método Monte Carlo puede ser utilizado en la confección de planes de negocios para evaluar y gestionar riesgos, así como para realizar análisis de sensibilidad en diversas variables que puedan afectar el desempeño financiero del negocio. Aquí hay algunas formas en que se puede aplicar el método Monte Carlo en la elaboración de planes de negocios:

Estimación de Ingreso: En un plan de negocios, es común realizar proyecciones financieras sobre los ingresos y los gastos esperados en el futuro. Sin embargo, estas proyecciones están sujetas a incertidumbre debido a diversos factores como en el caso de cambios en la demanda del mercado, fluctuaciones en los costos de los insumos, competencia, entre otros.

El Método Monte Carlo puede utilizarse para simular múltiples escenarios posibles de ingresos y gastos, teniendo en cuenta la incertidumbre asociada a estos factores, y así obtener una distribución de probabilidad de los resultados financieros esperados.

Evaluación de riesgos: Este método permite ayudar a identificar y cuantificar los riesgos asociados a los distintos negocios, permitiendo a los planificadores entender mejor las posibles variaciones en los resultados financieros y evaluar la probabilidad de alcanzar ciertos objetivos. Además, se pueden realizar análisis de sensibilidad para determinar qué variables tienen el mayor impacto en los resultados y cómo estos podrían cambiar bajo diferentes escenarios.

Optimización de decisiones de inversiones y financiamiento: Al simular múltiples escenarios financieros bajo diferentes condiciones y estrategias de inversión y financiamiento, el Método Monte Carlo puede ayudar a los empresarios y gerentes a tomar decisiones más informadas sobre cómo asignar recursos y capital de manera óptima para maximizar el retorno esperado y minimizar el riesgo.

Evaluación de Proyectos de Inversión: Para proyectos de inversión a largo plazo, este método se lo suele utilizar para evaluar la viabilidad financiera del proyecto bajo diferentes condiciones macroeconómicas, cambios en las tasas de interés, fluctuaciones en los precios de los productos, etc. Esto ayuda a los inversionistas a comprender mejor los riesgos asociados al proyecto y tomar decisiones más fundamentadas.

En resumen, el Método Monte Carlo puede ser una herramienta valiosa en la elaboración de planes de negocios al permitir una mejor comprensión y gestión de la incertidumbre y los riesgos asociados al entorno empresarial. Al simular múltiples escenarios posibles, los planificadores pueden tomar decisiones más informadas y desarrollar estrategias más robustas para el éxito a largo plazo del negocio.

El profesor Sylvester siempre aseguraba que era muy sencillo encontrar una justificación de esta metodología a través del uso del Teorema de Bernoulli. En este caso con la probabilidad que se aproxima a la certeza o sea 1, podemos esperar que la frecuencia de un acontecimiento dado en una serie de ensayos independientes, con probabilidad constante "p", difiera de esa probabilidad en un valor menor que cualquier número dado x mayor que 0, siempre y cuando que el número de ensayos sea lo suficientemente grande.

En base a este teorema podemos solucionar dos problemas:
Primero: Cuando se conoce la probabilidad de un fenómeno, conocemos en cierta medida el valor guía de la frecuencia relativa que debemos esperar al aumentar la experiencia.

Segundo: Para el caso que no conocemos la probabilidad, es decir el escenario que más nos interesa en cuanto a Planificación, y la experiencia es grande, podemos tomar la frecuencia relativa del acontecimiento dado, como un valor aproximado de la probabilidad.

Supongamos que estamos en un casino y decidimos jugar a color. A medida que aumentamos el número de experiencias, hallamos los valores de la frecuencia relativa, es decir caso 0.5, ya que el "Cero" también influye y no permite que se acerque a 0.5 después de gran cantidad de ensayos. Esto es precisamente lo que se logra con el método Monte Carlo y si en lugar de jugar a color arrojamos al aire una moneda, después de miles de ensayos, la probabilidad va a estar muy próximo a .5.

De este concepto general se desprende la base de la estadística y del método en si para acercarnos a un valor en base la frecuencia relativa.

Capítulo V

Análisis a nivel Global. Algunas cifras de interés.

A. Principales organizaciones que estudian estos temas

Cuando ya había escrito algunos de los capítulos de este libro, por suerte, me vino a la memoria lo que me comentaba siempre un gran amigo escritor quien decía *"Que, para él, el llegar a completar una de sus obras era como transformar sus sueños en realidad"*, y ahora que estoy en el medio de esta nueva aventura literaria, **"Todo sobre Planificación"** el libro que así bauticé, estoy sintiendo profundamente esa misma sensación.

Este era el libro que tenía muy adentro mío y siempre sentía una especie de temor de sacarlo a relucir o exteriorizarlo y lo

Capítulo V - Análisis a nivel Global. Algunas cifras de interés.

hice en varias oportunidades con pequeños escritos, o parte de notas de presentaciones, pero esta vez me lancé con todo a la aventura con la esperanza de causar el efecto que esperaba y soñaba ante mis entusiastas lectores.

Sin duda, resulta muy interesante el llegar a conocer que es lo que realmente está sucediendo con los planes de negocios y la planificación en general a nivel global. Yo confieso que hace años que estoy muy dedicado a este tema y recién con el advenimiento de la Inteligencia Artificial y los cursos y conferencias de YouTube, se comenzó a difundir con más ímpetu que es lo que estaba sucediendo con las empresas a todo nivel sobre sus planes y programas de negocios.

Desde ya que cambió notablemente la currícula desde el punto de vista académico que es lo que se explica cuando se habla de planes en los cursos y se hace mucho énfasis en cómo han cambiado los mismos a través del tiempo y de qué forma llegan ahora a sus clientes y ayudan, tanto a los inversores como a los encargados de mover estas empresas, siempre teniendo en cuenta como punto focal al cliente.

Gran parte de mi vida profesional estuve abocado a generar planes de negocios y asesorar a ejecutivos de variadas empresas en este tipo de tareas y si hubiese contado con este tipo de herramientas actuales, no dudo que el impacto logrado hubiese sido algo diferente y muy positivo.

Cuando escribí el libro *"El Empresario y la Empresa Familiar del Futuro"*, el último de mi colección actualmente publicado en AMAZON, estudié a fondo cuales eran las empresas más destacadas a nivel mundial y que tenían en común, y ahí es que apareció la palabra mágica **"Planificación"** ya que cada día se comienza a realizar esta tarea con más entrega.

Este es uno de los capítulos que me demandó mayor cantidad de tiempo y esfuerzo para lograr obtener cifras actualizadas por parte de las mejores y más reconocidas instituciones que se dedican a hacer estudios a nivel global, sobre el comportamiento de las empresas, su ubicación, sus planes de negocios, sus cantidades y sus desarrollos.

Al comenzar el análisis decidí explorar las más reconocidas fuentes de información como es el caso de los informes del Banco Mundial, los de la OECD (Organización para la Cooperación y Desarrollo) del Harvard University Report, del EOM (El Orden Mundial), McKinley, de CAMACOL a través de sus múltiples eventos y su contactos directos con más de 30 países a través de los directivos de su Secretaría Permanente, de FEBICHAM y de la FIU (Florida International University).

Lo que más me ayudó, fue el contacto directo con conferencistas y participantes que se sentían atraídos a los congresos, foros y conferencias organizadas especialmente por el nivel de los temas seleccionados, siempre de última actualidad y con un gran ingrediente de innovación, el grupo de especialistas invitados y participantes de mis propios eventos que tomaban

Capítulo V - Análisis a nivel Global. Algunas cifras de interés.

parte en las rondas de negocios que organizábamos y todos de alguna manera me hacían varios aportes con los que no dudaba que iban a resultar más que bienvenidos por todos mis queridos lectores.

Hay que tener en cuenta que el tema que gira en torno a los Planes de Negocio se ha convertido últimamente en un verdadero punto neurálgico en el mundo empresarial, ya que por ejemplo para la OCDE un PLAN DE NEGOCIOS es la redacción ordenada de nuestra idea de negocio; donde nos permite hacer una reflexión sobre el modelo inicial, estructurando y ajustando el proyecto para reducir al máximo los riesgos y esto se aprecia como una invitación a buscar la excelencia.

Con el correr del tiempo, pude apreciar que las siguientes organizaciones son muy activas en generar periódicos informes y estudios de sus análisis, donde detallan lo que realmente sucede con los planes de negocios y sus cambios a través del tiempo:

- OMC Organización Mundial de Comercio.
- OCDE Organización para la Cooperación y el Desarrollo Económico.
- UNCTAD Conferencia de las Naciones Unidas para el comercio y el desarrollo.
- G-20 Cumbre del G-20.
- EOM (El Orden Mundial).

Todas estas organizaciones son recomendadas de mi parte para acceder a las mismas y a sus informes y estudios. Las hemos usado con el Dr. Jorge Zumaeta para obtener material de apoyo para preparar nuestro curso como parte del Educación Continua que dimos juntos en FIU para un grupo de 25 alumnos, activos profesionales con vividas experiencias de los más diversos sectores e industrias.

Según estas fuentes y la detallada información que publican, tan solo el 0,2% de las empresas en todo el mundo están fuertemente alineadas con los Objetivos de Desarrollo Sostenible (ODS) de las Naciones Unidas, cuyo deseo es llegar a crear un futuro más sostenible para 2030.

Estos objetivos han sido adoptados por 193 países en todo el mundo y, sin embargo, es importante señalar que no todos los sectores están logrando el mismo progreso y aún queda trabajo por hacer: el 55% de las empresas entran en la categoría de desalineadas o neutrales con los ODS.

A medida que los inversores y las partes interesadas se centran cada vez más en la sostenibilidad, el seguimiento de la alineación de las empresas con los ODS se vuelve crucial.

Esta organización cubre una amplia gama de objetivos, incluida la protección del planeta, tratar de poner fin a la pobreza y crear prosperidad y paz para todos y pone gran interés en que todos estos temas queden bien reflejados en los Planes de Negocios y por suerte se está logrando, día a día, una gran mejoría.

Si bien estos datos brindan información sobre las grandes empresas que cotizan en bolsa, vale la pena señalar que hay más de 330 millones de empresas en todo el mundo y su adopción de planes de negocios y su alineación con los objetivos que fijan algunos de estos organismos no se siguen como se espera.

Con el advenimiento de las nuevas herramientas en los últimos dos años, en especial apoyadas por los modelos de AI, ahora se cuenta con mayores elementos para redefinir y/o actualizar los planes de negocios y lograr en términos generales mejores resultados en materia de ejecución de proyectos.

Con el advenimiento de las nuevas herramientas en los últimos dos años, en especial las desarrolladas a través de uso de variados modelos generativos de AI, ahora se cuenta con mayores elementos para redefinir y/o actualizar Planes de Negocios y lograr en términos generales que se obtengan mejores resultados en materia de ejecución de cualquier tipo de emprendimientos.

Con la imagen de REBITI, donde se mencionan que se han dado los primeros pasos y de gran solidez en el entorno a la Industria Inmobiliaria, lo usé como un ejemplo más parar poner de manifiesto, cómo con la aplicación de estos planes es mucho más sencillo, lograr los resultados esperados.

La gran cantidad de acuerdo que se están firmando en REBITI en estos días en toda la región, especialmente con la Cámara Inmobiliaria Argentina (CIA) y si Centro de Capacitación (ICI), son una muestra concreta de los resultados obtenidos y en especial el haber logrado una destacada participación con su equipo directivo completo en el 45 Congreso Hemisférico de CAMACOL, a llevarse a cabo a mediados del mes de septiembre en el Miami Convención Center junto con el desarrollo del evento Food and Beverage que se desarrollará en la misma fecha y en el mismo lugar.

Para IBM el año 2023, fue clave, dado que se lograron en esta empresa, grandes avances en su camino para convertirse en una de las más innovadoras como en los viejos tiempos en la década del 80 cuando se hablaba de la "Big Blue" y ahora enfocada y construida alrededor de las dos tecnologías más transformadoras: La nube híbrida y la IA que sin duda han cambiado hasta la forma de planificar y lo más importante, de operar.

Sus directivos ejecutaron una estrategia probada, refinando su cartera, ampliando su ecosistema de socios y mejorando la productividad a todo nivel en la empresa.

Por otro lado, y según los informes de McKinsey, los avances en la inteligencia artificial (IA) y Redes Sociales han permitido el desarrollo de herramientas que pueden ayudar en la creación de planes de negocios de manera más eficiente y personalizada. Estas herramientas utilizan algoritmos de IA para ayudar a generar planes de negocios adaptados a las necesidades específicas de cada empresa y permitiendo definir variados elementos para facilitar su evaluación y ajustes ante los cambios tan pronunciados que se presentan en estos tiempos.

Por ejemplo, se menciona un "Generador de planes de negocios con IA" que ofrece una estructura única y profesional, personalizada y adaptada específicamente para cada empresa, a un costo mínimo de apenas 10 dólares mensuales.

Es muy recomendado tratar de usar esas técnicas y tomar cuanto antes, algún curso online para acceder a las mismas y probarlas.

Surge en todas las organizaciones un deseo de seguir los lineamientos de la uberización, es decir llegar a crear un modelo atractivo, que cubra las necesidades de una forma diferente y atractiva de todos los clientes posibles.

Por ejemplo, es clave acceder periódicamente a la plataforma de YouTube donde existen gran cantidad de cursos y buscar algunos para usar "AI en la generación de Planes de Negocios" y van a salir en primer lugar los dos siguientes y que a mi entender son los más recomendados:

En general en ambos cursos en línea, se muestra el uso de los modelos generativos y ni bien uno accede a este tipo de videos, se logra tener la posibilidad de transformarse en usuario de una cadena de más de 20 cursos en línea del mismo tipo. Y lo más interesante y atrayente, sin ningún costo.

Para IBM un plan de negocios es fundamental para cualquier empresa, ya que proporciona una hoja de ruta detallada que describe la Visión, Misión, Metas, Objetivos, Estrategias de Marketing, Proyecciones Financieras, Planes Operativos e Información del equipo directivo.

Además, queda por demás claro, que un buen plan de negocios proporciona pasos claros para la implementación e hitos medibles para lograr el éxito esperado.

Herramientas de IA para la Creación de Planes de Negocios
Todas estas herramientas pueden ayudar a simplificar el proceso, ahorrando tiempo y recursos y logrando gran claridad en la definición del Plan. Pueden generar contenido legible y bien estructurado, como publicaciones de blogs, sin necesidad de una gran participación por parte del usuario.

En resumen, la IA ha demostrado ser una herramienta útil para la generación de planes de negocios personalizados y profesionales, ofreciendo un valor significativo a un costo accesible.

B. Cuantas empresas tienen Business Plans
Tengo que confesar que me resultó muy difícil por no decir

imposible el llegar a obtener cifras exactas disponibles que definan cuántas empresas a nivel mundial poseen planes de negocios, ya que son variadas las empresas que pueden no contar con un plan de negocios documentado, mientras que algunas grandes corporaciones pueden tener múltiples planes de negocio para diferentes divisiones o proyectos.

Lamentablemente no existe una base de datos centralizada que rastree esta información sobre este tipo de planes, y a continuación detallo algo de material que puede llegar a ayudarnos, no sólo a tener una idea de magnitud, sino a entender como estos planes fueron y están cambiando con el correr del tiempo.

1.   Estudio de PwC:
PwC Insights es una fuente valiosa para comprender las tendencias empresariales a nivel mundial. A través de PwC Insights, puede uno mantenerse al día, es decir bien actualizado con las últimas novedades en el mundo empresarial, los sectores y la sociedad.

En cuanto al Business Plan (plan de negocios), sus especialistas no dudan que estos planes representan la herramienta fundamental de éxito para una empresa.

Cuando se hacen estos planes de una forma profesional, se brinda a todos sus ejecutivos una visión estratégica y un enfoque claro para alcanzar objetivos de todo tipo. Sus principios son bien simples y ellos enfatizan y recomiendan que para generar un Plan de Negocios eficiente y que represente la clave del éxito hay que tener en cuenta lo siguiente:

- **Análisis de mercado:** Evalúa la demanda, la competencia y las oportunidades en el mercado.
- **Estrategia empresarial:** Define cómo la empresa se posicionará y competirá poniendo de manifiesto su gran poder diferenciador.
- **Modelo de negocio:** Describe cómo la empresa generará ingresos y gestionará costos remarcando la bondad de sus

productos y/o servicios.

- **Plan financiero:** Detalla proyecciones financieras, presupuestos y necesidades de financiamiento.
- **Imagen Corporativa.** Da énfasis total a la marca, a sus mensajes atractivos y al uso de los nuevos medios de difusión que brinda la tecnología y las Redes Sociales.
- **Enfatizar mensajes.** Enfatizando que tienen en cuenta la sostenibilidad y calidad de todo lo que se ofrece con un sentido empresarial dinámico, globalizado y por demás disruptivo.

En una de sus variadas encuestas realizadas por PwC para alrededor de 1.500 empresas de 77 países, se encontró que el 77% de las firmas encuestadas utilizan alguna manera en manejar sus operaciones en base al uso de planes de negocios.

- La encuesta también encontró que el uso de un plan de negocios es más común en empresas grandes (86%) que en empresas pequeñas (67%).

En otro estudio realizado por la firma SAGE en 2022 a 2.000 empresas del Reino Unido encontró que el 63% de las empresas encuestadas utilizan un plan de negocios.

El estudio también encontró que el uso de un plan de negocios es más común en empresas con más de 50 empleados (72%) que en empresas con menos de 10 empleados (54%).

Otros estudios han encontrado que el uso de un plan de negocios varía según la industria. Por ejemplo, un estudio de la industria de la tecnología encontró que el 85% de las empresas de tecnología utilizan un plan de negocios y recientes trabajos de REBITI en el mundo de la Industria Inmobiliaria, Alejandro Bennazar, su presidente informó en una de sus presentaciones que en general, se puede estimar que entre el 60% y el 80% de las empresas en este activo sector, utilizan un plan de negocios y en sus múltiples eventos se dan a estos temas un especial énfasis para llegar a motivar a la mayor cantidad de iniciativa a que apoyen sus esfuerzos en elaborar eficientes planes de negocios.

Un nuevo concepto que surge en estos tiempos es la denominada "Inteligencia Empresarial" y los empresarios presentan nuevas y ágiles estrategias de negocios que abren las puertas para nuevas oportunidades de inversión, logrando mayores posibilidades de crecimiento y mejoran sus procesos, con una motivación especial de personal a todo nivel.

Hay que tener en cuenta que las más reconocidas y exitosas empresas como Amazon, Netflix, IBM. Google, META, Microsoft y Walmart, entre otras, le deben parte de su éxito a la denominada Inteligencia Empresarial (IE) y al uso de nuevas tecnologías.

C. Cambios en los planes de Negocios

A lo largo del tiempo, los planes de negocios han experimentado cambios significativos en varios aspectos debido a la evolución del entorno empresarial, las tecnologías disponibles y las prácticas comerciales emergentes y el nivel de los nuevos directivos.

Algunas de las cosas que han cambiado con el tiempo en los planes de negocios incluyen:

Gran enforque de diferenciación: Gracias a la fuerza de la Innovación y el aumento de la competencia y la saturación del mercado en muchos sectores, los nuevos planes de negocios han comenzado a enfocarse más en definir un poder de diferenciación. Esto implica destacar cómo la empresa se diferencia de sus competidores y cómo planea innovar y actualizarse para mantenerse relevante.

Gran nivel Flexibilidad: Los planes de negocios tradicionales solían ser documentos estáticos y detallados que describían el largo plazo de manera exhaustiva. Hoy en día se le da un gran valor a la capacidad de estar actualizado adaptándose a todos los cambios de paradigmas que se presentan.

Dentro de la nueva generación de planes de negocios, son

mucho más simples, ágiles y sujetos a cambios según las condiciones del mercado y las necesidades de la empresa.

Mayor apoyo digital: la creciente importancia de la tecnología en todos los aspectos de los negocios, los planes de negocios modernos a menudo incluyen una sección dedicada a la estrategia digital. Esto implica cómo la empresa planea utilizar la tecnología para mejorar sus operaciones, llegar a los clientes y mantenerse competitiva en el mercado digital.

Consideran a todo nivel la Experiencia del Cliente: Gran énfasis en tratar de entender sus necesidades y en especial los deseos del cliente, así como desarrollar estrategias para proporcionar un servicio excepcional y construir relaciones sólidas con los clientes fomentando la interactividad e intercambio de información, consultas, sugerencias y todos aquellos elementos que fomenten diálogo para facilitar los ajustes necesarios al plan.

Nuevos modelos de Negocios: Con el uso de nuevas tecnologías surgen nuevos modelos y esto es otra forma de motivar a los clientes a acercarse a la propuesta efectuada.

Estamos seguros, que todos los cambios que se puedan poner de manifiesto en los nuevos planes que se generen, deben reflejar de alguna manera los cambios que todos estamos viviendo de distintas maneras y dar a los mismos la posibilidad de adaptabilidad en base a los deseos de los clientes y la fuerza de la competencia.

En uno de nuestros recientes eventos el Dr. Salvatore Tomaselli, Profesor emérito de la Universidad de Palermo Italia, quien siempre me acompaña en todos estos proyectos comentó: Los Planes de Negocios en la actualidad se asemejan un poco a los "Resúmenes Ejecutivos del pasado", que formaban parte de los planes de más de 100 hojas y con los que yo trabajaba tanto en organismos internacionales como en variadas consultorías, mis eventos y asesoramientos, tanto en IBM, como con otras grandes empresas y organismos.

Tener en cuenta que uno de los tipos de planes actuales que hemos mencionado son los de "Una Hoja" y de ahí esta comparación del Dr. Tomaselli.

Capítulo V - Análisis a nivel Global. Algunas cifras de interés.

Capítulo VI

La AI y su impacto en los Planes de Negocios

A. Primeros pasos de esta nueva tecnología

Dado que el desarrollo de la AI es imparable y podemos afirmar que ya tuvo su impacto en varios aspectos vinculados al desarrollo de Planes de Negocios y se difunde cada día más con el anuncio de nuevas herramientas, debemos considerarla en este libro.

Se habla en estos días, de que la AI tuvo varias apariciones desde mediados del siglo XIX, es decir que se afirma que esta tecnología nació varias veces y luego dejó de tener fuerza, pero últimamente renació de nuevo pero esta vez, para quedarse.

Todos los científicos comenzaron a investigar cómo las máquinas podrían imitar la inteligencia humana de las más diversas formas, y aunque el desarrollo de ésta fue lento durante varias décadas, en los últimos años ha habido un avance significativo gracias a la disponibilidad de gran cantidad de datos y la capacidad de procesarlos de manera más eficiente y en especial a gran velocidad.

Estamos actualmente viviendo un período muy acelerado de cambios en el que la IA trata por todos los medios de mejorar la denominada "Experiencia del Cliente", sintetizadas con estas

Capítulo VI - La AI y su impacto en los Planes de Negocios

dos letras "CX" en base al uso intensivo de nuevas tecnologías y aprendizaje automático y profundo que motiva a todas las partes a actuar en forma interactiva y lo más importante del proceso transmitir un gran sentido de pertenencia entre todos los que forman parte de las organizaciones que entran en juego. Con los nuevos adelantos y las velocidades disponibles para procesar gran cantidad de datos, en variados equipos, la AI está logrando un cambio en la operación de varias empresas en especial como las mismas interactúan con sus clientes, en los aspectos logísticos y como se presenta una nueva forma de competencia.

A medida que todos los elementos del Ecosistema de AI evolucionan y mejoran, son increíbles las variadas oportunidades que se presentan para sus empresarios y en especial para los que tienen la responsabilidad de crear estos planes de negocios y ponerlos en marcha.

Son innumerables los ejemplos de cómo la AI está siendo utilizada por muchos empresarios de las más variadas industrias especialmente para tratar de aumentar su eficiencia, su impacto, su rendimiento al permitir sistematizar variados procesos y brindar más elementos para mejorar sus decisiones. Como parte de las entrevistas llevadas a cabo en nuestros últimos eventos de tecnología e innovación pregunté precisamente a algunos de los expositores y también participantes como veían su impacto en el proceso en general de preparación de los tradicionales "Planes de Negocios" y estas son algunas de las respuestas que recibimos.

El Ing. Carlos Restaino, director de la CAC (Cámara Argentina de Comercio y Servicios) quien tuvo a su cargo la moderación de una de las presentaciones, en el auditórium de su cámara, trajo a colación una de las frases más sugestivas del mundo empresarial y en especial del futuro. El mencionó al Dr. Warren G. Bennis, en relación con su predicción de la cantidad de empleados que se iban a necesitar en el futuro en una fábrica, gracias a la incursión e impacto de la AI y la robótica en los lugares de trabajo. En esta imagen se encuentra esa frase:

> La fábrica del futuro tendrá sólo dos empleados, un hombre y un perro. El hombre estará ahí para alimentar al perro. El perro va a estar ahí para evitar que el hombre toque el equipo.
>
> –Warren G. Bennis
>
> www.frasesgo.com

El comentó qué si se llegaban a cumplir estos vaticinios, sin duda todos los planes de negocios iban a cambiar sustancialmente y se iban a popularizar de una forma increíble, cubriendo ese gran gap que existe en la actualidad.

Prof. Jorge Aurelio Alonso, Asesor Académico del Instituto de Capacitación de la Cámara Inmobiliaria Argentina.

El Profesor Alonso, nos comentó que normalmente al presentar una propuesta de asistencia empresarial, todavía se advierte que la operatoria de la misma marcha sin tener un detallado "Plan Estratégico" y que, por esa razón, surge entonces en esa circunstancias la pregunta: ¿Para qué planificar?

Nuestra simple respuesta inicial es: Se planifica para establecer un rumbo con objetivos de realización, que posibilita unificar energías y anticipar inconvenientes para enfrentarlos con adecuadas herramientas y asegurar el éxito deseado.

El aclara en su presentación, que por ejemplo ningún avión inicia su viaje sin el correspondiente "Plan de vuelo" que le indicará las condiciones meteorológicas que encontrará en su itinerario y por donde se debe mover y a que altura.

Tampoco lo hará el Capitán de barco sin recibir su "Hoja de ruta", que señalará no sólo el estado del tiempo que deberá enfrentar en su recorrido, sino también las características del río/mar por el que deberá navegar.

Para iniciar el camino al éxito empresarial, se debe comenzar con la pregunta: ¿Qué planificar? Y además soñar un poco al determinar bien claramente su visión:

- Desde la visión y misión de la empresa.
- Qué y cómo la hará.
- Que obligará a saber por qué, para qué y para quién.
- Hasta la jornada de labor; la agenda cotidiana; la gestión de cada operación.
- La cantidad calidad del personal y su organigrama.
- la tarea mensual; semanal; diaria con el máximo de detalle.
- Los aportes de capital y el flujo de integración.
- Los ingresos y egresos.
- La inversión.
- Los riesgos.

También él alega que algo muy importante es preparar un "Resumen Ejecutivo" donde se pongan de manifiesto el máximo de detalles para motivar a todo el que lo lee, para que de alguna manera se puedan sentir parte de este proyecto.

Como se advierte, el planeamiento es un instrumento imprescindible para toda evolución empresaria. No aplicarlo es perder los beneficios que otorga.

Para Luca Fontana, que fue otro de los entrevistados, considerado uno de los jóvenes más actualizados y activo en el desarrollo de proyectos disruptivos y aplicaciones de AI, quien sin duda nos pudo dar una clara explicación de como estos nuevos template diseñados, están al servicio de gran cantidad de empresarios para que sus iniciativas queden personalizadas completamente en forma descriptiva, simple y práctica.

Para el Dr. Jorge Zumaeta, directivo de la FIU y profesor de esta prestigiosa Universidad, mencionó que en sus últimos cursos de Educación Continua en los que participaron un grupo de graduados todos estos temas que giraban en torno a la AI y Planes de Negocios, fueron los que despertaron mayor interés, y hubo un total acuerdo que los empresarios se van a introducir en estas nuevas tecnologías como única alternativa para lograr que sus empresas puedan actuar en los nuevos escenarios de negocios sin problemas con grandes probabilidades de éxito.

Este es uno de los eventos que organizamos con el Dr. Zumaeta en los tiempos de pandemia y que usamos como parte del Análisis de Mercado que realizamos juntos para lograr obtener información actualizada sobre el nivel del uso de todos estos nuevos desarrollos aplicados a la confección de Planes de Negocios. Este mismo evento lo desarrollamos en España, Panamá, Ecuador y últimamente en Argentina.

Lo hemos desarrollado tanto en forma presencial como vía ZOOM y fue increíble tanto el grado de participantes como el interés de los mismos.

Con el advenimiento de los modelos generativos que están al alcance de todos los ejecutivos y sin ningún costo, se ve facilitada la tarea de creación de los tradicionales planes de negocios.

Queda demostrado que, si accedemos a algunos de estos modelos, como ser, Chat GPT, Gemini o COPILOT, nos vamos a sorprender como los mismos nos pueden ayudar a crear estos planes.

En los eventos que realizamos, en especial el relacionado con temas de planificación, creamos normalmente dos equipos y a manera de juego o competencia, comenzamos a darle forma a un plan y es increíble como se van integrando soluciones que asombran a los participantes con la forma que estos modelos responden a las preguntas generadas.

En el último encuentro en Argentina como parte de la Misión Comercial 5.0 donde el tema de Planificación e Inteligencia Artificial centraron toda la atención, Alejandro Bennazar, Director de la Cámara Inmobiliaria Argentina y Presidente de REBITI Global, junto a Jorge Alonso, Director Académico del ICI Instituto de Capacitación Inmobiliaria, explicaron con gran detalle a todos los participantes como impactaba el desarrollo de estos "Planes de Negocios" en la Industria Inmobiliaria y como estaba escalando este tema a nivel Global.

El usar estas preguntas que se denominan "Prompts", es toda una técnica y cuanto más claras se hacen estas preguntas a los distintos modelos generativos, los resultados van a ser más concretos. Tener en cuenta que un prompt es un conjunto de palabras que desencadenan la generación de contenidos a través de un software o modelo generativo de inteligencia artificial (IA) (ChatGPT, Grok, COPILOT y otros).

La mayoría de grandes organizaciones ya se encuentran usando muy efectivamente estos modelos generativos y se pueden apreciar los grandes adelantos, ya que en los últimos meses es increíble el crecimiento de uso de estos planes en las organizaciones y en especial de seminarios gratuitos disponibles en línea, por ejemplos a través de YouTube para mostrar la eficiencia de estas herramientas para ayudar a las empresas a crear sus propios planes.

B. La AI invade los planes de negocios.
En la mayoría de mis eventos vengo concientizando de que un Plan de Negocios bien elaborado es el modelo o camino ideal para asegurar el éxito de una empresa, en el que se presentan las estrategias, los pasos a seguir, se fija la visión, misión, valor y en especial los objetivos para tratar de lograr la rentabilidad deseada y soñada.

Cuando advertimos que todo el proceso de generar un "Plan de Negocios" es clave para crear cualquier tipo de empresa o lanzar un proyecto, pero la realidad es que se transforma realmente en una tediosa y porque no complicada labor.

Por suerte con la incursión en el mercado de las nuevas y atractivas herramientas basadas en la tecnología de AI a través de sus diversos modelos generativos esta tarea se transforma en un mecanismo algo más simplificado.

Cabe destacar que todas estas herramientas pueden producir planes de negocio muy bien detallados y de alto nivel profesional y que me encuentro usando cada día con más frecuencia, con mucho menos dedicación de lo que se hacía anteriormente con los métodos tradicionales y se pueden encontrar en la Red gran cantidad de ejemplos bien documentados.

El uso de estos atractivos modelos generativos de AI, especialmente Gemini, ChatGPT, Copilot y otros tantos, aparecen en el mercado en la actualidad para resolver un problema de gran complejidad del entorno empresarial y la intensa competencia que enfrentan las nuevas empresas.

Yo ya los tengo como parte de nuestros eventos en especial el último presencial que organizamos en la CAC – Cámara Argentina de Comercio y Servicios gracias al apoyo recibido por su presidente Lic. Mario Grinman, el 12 de marzo del 2024 donde tuvimos más de 300 registrados, pero un temporal nos jugó una mala pasada y tuvimos tan solo 164 asistentes.

El proceso de creación de este documento puede resultar abrumador, especialmente para quienes no tienen experiencia en desarrollo empresarial. Los generadores de planes de negocios con IA alivian esta carga al automatizar la creación de estos documentos esenciales, lo que permite a los emprendedores producir planes de negocios de aspecto profesional con facilidad.

Pueden analizar datos de mercado, rastrear tendencias y proporcionar información que el ojo humano podría pasar por alto.

Este nivel de análisis es crucial para que nuevas empresas se posicionen y logren una presencia de mejor nivel en el mercado. Con un generador de planes de negocios con IA, los emprendedores pueden asegurarse de que sus nuevos planes no sólo se produzcan muy ágilmente y en tiempos bien optimizados, sino que doten a los mismos de mayores elementos para facilitarles sus tomas de decisiones.

Todos estos nuevos y atractivos modelos de IA funcionan empleando algoritmos avanzados, compuestos de miles de millones de parámetros para facilitar el acceso a grandes bases de datos y websites para llegar a crear el tan esperado plan.

Después de que los usuarios de estas herramientas den los pasos iniciales explicando el modelo de negocios de la forma más clara posible, definiendo su visión es decir fijando una meta alcanzable a largo plazo, una misión para poner de manifiesto como proceder para alcanzar esa meta y todo lo que se pueda detallar sobre los aspectos financieros de la empresa, donde se definan los servicios y productos, sus precios, proyecciones de ventas y el Break Points estimado.

Luego, la IA procesa esta información, utilizando amplias bases de datos y análisis de mercado para generar un plan de negocios personalizado que se alinee con los estándares y las mejores prácticas de la industria.

Previamente se establece un diálogo con la persona que esté a cargo de la generación de este plan y con el intercambio de información el plan comienza a tomar forma y fuerza.

Hay en general dos formas de usar estos modelos generativos, una de ellas es trabajando con los más conocidos del mercado tipo COPILOT, BarGPT 3.5, YOU, Grok y otros haciendo preguntas concretas y la otra es la de usar algunas de las herramientas diseñadas y disponibles en línea creadas específicamente para generar estos planes.

El resultado final de este proceso es llegar a generar un modelo o plan de negocio que va a resultar de gran utilidad para asegurar que los pasos a dar en una empresa respondan a una secuencia bien estructurada en base a toda la información utilizada con base de este plan.

Estas son algunas de las herramientas mencionadas que se encuentran en línea y de simple acceso: Fácil.AI, LivePlan, BizPlan, Upmetrics, Plan Pros, Enloop, IA Profesional y finalmente ProAI.

Googleando con estos nombres se accede al modelo y donde se fijan las condiciones para su uso y se facilita la práctica con ejemplos bien simples y completos.

C. Herramientas existentes
Elegir el mejor generador de planes de negocios con IA requiere un esfuerzo muy especial ya que intervienen gran cantidad de

factores y hoy en día se están dando los primeros pasos, es decir, no existe gran experiencia y documentación de apoyo para su uso.

En primer lugar, la complejidad de su negocio y las necesidades específicas de su lanzamiento deben ser la base de su selección. Un buen generador de planes de negocios con IA debe ofrecer un equilibrio entre facilidad de su uso y la integración del modelo a generar.

Hay que tener en cuenta que todos los aspectos vinculados con la personalización tienen una especial importancia en este proceso.

Los mejores generadores de planes de negocios aseguran en gran escala que el producto final refleje la visión y los objetivos únicos del modelo. Además, considere el nivel de soporte y recursos proporcionados por la herramienta. El acceso al servicio de atención al cliente, tutoriales y documentación puede resultar invaluable, especialmente a la hora de perfeccionar su plan de negocios.

Alguno de los modelos recomendados:

PROAI Con este modelo se pueden generar planes de negocios de gran nivel que aprovechan la inteligencia artificial para brindar recomendaciones estratégicas para las empresas.

Con su uso, se llega a concebir planes de negocios personalizados ofreciendo un enfoque de crecimiento y estrategia basado en datos. El punto de venta único de ProAI es su capacidad de proporcionar información basada en su experiencia asesorando a gran cantidad de clientes. Este modelo, uno de los más usados, permite a sus usuarios evaluar nuevos mercados, productos y flujos de ingresos, garantizando que alcancen hitos críticos para maximizar su potencial.

Es una herramienta que ayuda a las empresas a elaborar

estrategias utilizando AI para generar un plan de negocios personalizado, brindando recomendaciones estratégicas basadas en conocimientos de su amplia base de clientes.

También este modelo ayuda a determinar oportunidades y riesgos claves con datos patentados integrados en su plan, brindando orientación basada en los objetivos y necesidades de la empresa.

También facilitan la evaluación de nuevos mercados, productos y flujos de ingresos, garantizando que alcancen a cumplir con los objetivos fijados.

ProAI utiliza datos patentados para ayudar a las empresas a identificar oportunidades y riesgos claves, proporcionando un enfoque de crecimiento basado en datos.

ProAI ayuda a las empresas a evaluar nuevos mercados, ayudándolas a expandirse y crecer.

Este modelo permite llevar a cabo la evaluación de nuevos productos y servicios y flujos de ingresos, asegurándose de que aprovechen al máximo su potencial.

Se puede decir que esta herramienta permite generar después de este ejercicio interactivo, un plan de negocios personalizado en un par de días, hecho que sin duda representa un ahorro de tiempo bien considerable y además motiva al empresario a seguir adelante con el intento de apoyarse en un Business Plan que antes no tenía y el que le brinda ahora cierta confianza que se puedan cumplir con los objetivos definidos. Es otro de los modelos AI que simplifica sustancialmente la tarea de crear un Plan al brindar con fácil acceso una plataforma de planificación muy sencilla y eficaz.

Este modelo permite guiar a sus usuarios a través de cada paso del proceso de planificación con instrucciones claras paso a

Capítulo VI - La AI y su impacto en los Planes de Negocios

paso, generando en forma inmediata resultados.

Permite crear pronósticos variados y en especial ayuda a formular presupuestos y evaluar el desempeño financiero, al mismo tiempo que ofrece la flexibilidad de integrar el modelo de paquetes de software bien populares contables como es el caso de QuickBooks.

Cabe destacar que una de las imágenes que realmente causó más impacto es la siguiente donde se muestran en cierta manera todos los elementos del ecosistema que gira en torno a estos Planes de Negocios y donde se pone de manifiesto la gran cantidad de temas que son necesarios atender para llegar a formular el plan más adecuado.

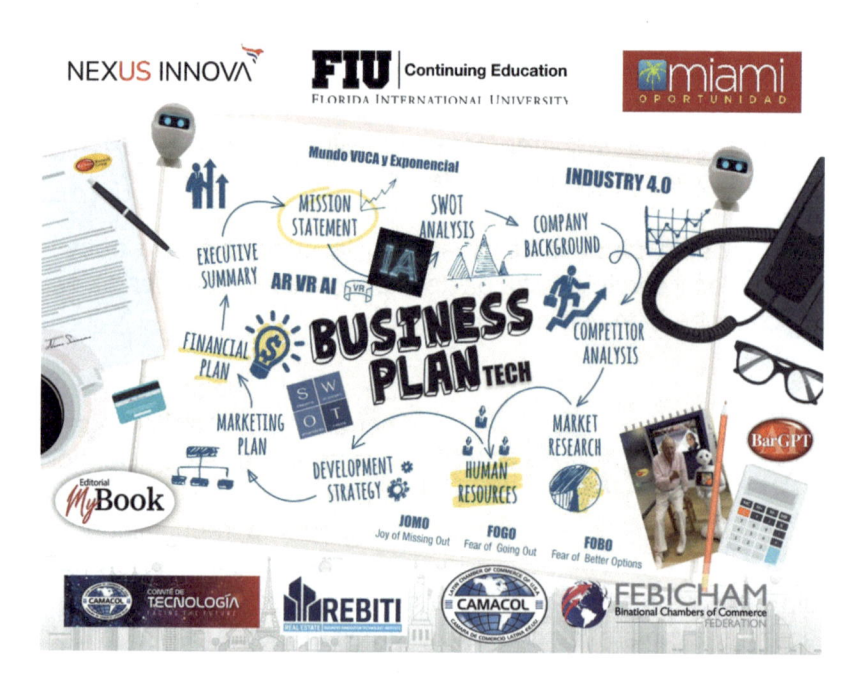

Esta es la imagen que nos acompañó en gran cantidad de eventos y en lo que se analizó con lujo de detalle cada uno de todos sus componentes.

Capítulo VII

Marketing digital con enfoque disruptivo.

A. Estamos cambiando

Durante los últimos años comenzó a circular en el mundo de los negocios, el concepto denominado "Uberización" o Enfoque Disruptivo en el mundo empresario al pensar en integrar todos los programas de mercadeo de una forma diferente y de gran utilidad.

Yo que últimamente me dedico a darle más ímpetu a mi imagen de escritor, no dejo de publicar periódicamente ensayos que giran en torno a los temas de innovación, de tecnología en general a nuevos escenarios de negocios en un mundo exponencial y super disruptivo.

Sin duda ya aparece muy a menudo el concepto de tokenización y el uso de la nueva tecnología de Blockchain, generando tokens y contratos inteligentes. Ya al final de este capítulo voy a presentar a la empresa Nash21, del Grupo FINAER que opera con esta modalidad en España.

Este mismo libro, en el que, a través de la inserción de varios videos con sus respectivas entrevistas, en uno de sus capítulos, le doy un toque diferente de modelos innovativos, es un ejemplo de presentar algo disruptivo.

El secreto es pensar principalmente en el lector, para motivarlo, hacerlo sentir parte de estos cambios y tratar de lograr que pierda ese miedo natural que vemos, tienen hoy en día ante la corriente profunda de cambios que no dejan de someternos a una gran cantidad de presiones.

Van a notar que todos los entrevistados son parte de la Economía denominada "Grey" ya que me resultó algo difícil encontrar jóvenes que estén muy cerca de todos los temas vinculados al mundo de la planificación. Estos jóvenes que se criaron con el fácil acceso a través de sus tabletas y teléfonos celulares son parte del cambio, y conjugan todos estos conceptos de una forma diferente.

La enseñanza de los planes negocios siguen con gran énfasis y figura este tema en los programas de todas las universidades, pero se llega a estos planes ahora de una forma diferente, práctica y con un gran nivel de participación y dinamismo.

Este es un tema que en los últimos eventos que organizamos sobre "Planificación en General e Innovación", fue el que causó mayor impacto y despertó ante las distintas audiencias una gran admiración y deseo de profundizar sobre la aplicación de nuevas tecnologías y la misma innovación.

Sabemos que todo cambia en los escenarios de negocios y este tema de mercadeo es uno de los que están siendo afectados por esa gran cantidad de estos cambios. Se crean nuevas posiciones dentro de las empresas para actualizar todas las formas de presentar productos y servicios dentro de los tradicionales planes para no perder oportunidades que surgen día a día.

Queda claro que un "Plan de Mercadeo Digital" es un documento estratégico donde se determina una planeación adecuada de la forma de conducir todas las operaciones de publicidad de una empresa y se detallan todas las acciones en un periodo definido para conseguir que se cumplan los objetivos en los entornos digitales y los medios sociales que las marcas usan a efectos de llegar a promocionar con nuevos estilos sus variadas ofertas.

Se detallan con gran énfasis en estos planes la forma de atraer nuevos clientes, el nivel de ofrecerles precios atractivos, atención personalizada y una forma de distribución más eficaz y económica, incluyendo variadas tácticas de ventas.

Se agregan ahora a los nuevos planes, documentos adicionales e información de detalle para apoyar su ejecución con adecuados resúmenes, documentos legales, y lo más importante datos obtenidos como resultado de los estudios llevados a cabo sobre análisis de mercadeo.

Se deben rediseñar los websites con nuevos niveles que invitan a la interactividad y que en base a la aplicación de la AI tratan de acercarse más a los deseos de los usuarios y potenciales clientes (Webs 3.0).

Dado que existen ahora gran variedad de nuevos dispositivos y todos interconectados, es como si tuviésemos una gran cantidad de espías en nuestros hogares y lugares de trabajo que siguen nuestros pasos y escuchan todo lo que decimos y que observan todo lo que hacemos y/o escribimos, y si por casualidad hablando expresamos que necesitamos cierto producto y que lo estamos buscando, no queda ninguna duda que cuando por ejemplo accedamos a un diario en línea, va a salir una publicidad de ese producto que se ha mencionado en uno de esos diálogos.

Durante mas de 30 años los fabricantes creaban nuevos productos para comunicarse con los distintos usuarios y hoy en día se está llevando a cabo un gran cambio, ya que esos mismos fabricantes están dedicados a fabricar productos que se interconecten entre ellos mismos.

Esto es un gran paso del advenimiento de las casas y oficinas inteligentes.

Todos estos detalles se pudieron apreciar en la última reunión de CES 2024, en el mes de enero del 2024, de las Vegas con

Capítulo VII - Marketing digital con enfoque disruptivo.

el anuncio de gran cantidad de productos que seguían dando más vida a este tipo de desarrollos y nuevos anuncios que se adelantan al futuro.

Eso lo vemos con lo que sucede con Amazon, ya que ni bien compramos algo y accedemos a su plataforma para consultar sobre algún producto, ese mismo producto cuando accede a algún diario en línea o cualquiera de las plataformas de social Media va a salir publicitado junto a otros relacionados.

Eso es una clara muestra del cambio que estamos viviendo en materia de mercadeo y que somos impactado por una sobre dosis de información y de ofertas de las más variadas, pero que están relacionadas con algo que nosotros mencionamos en otros medios.

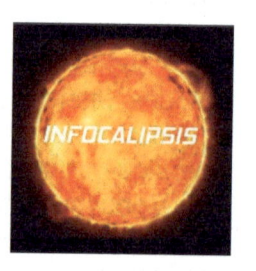

También se define a esta situación como si fuésemos víctimas de un nuevo virus que resulta de la sobredosis de información y se denomina "INFOCALIPSIS".

Este es un nuevo y despiadado virus que no deja de atacarnos, impactarnos y asustándonos. Esta terminología fue acuñada por Neal Stephenson en su libro "Snow Crash", y menciona precisamente los peligros causados por el exceso de información y por la falta de tiempo para llegar a absorberla en su totalidad.

Hoy para tratar de ordenar esta información y usarla en su plenitud, se crean contenidos de gran valor a través del uso de blogs, canales de videos, infográficos, con el propósito de llegar a informar y educar a la audiencia. El contenido se distribuye por los más variados canales, incluyendo Social Media, Newsletter y blogs.

Los responsables de mercadeos de las empresas actuales saben que deben crear mecanismos para establecer una destacada presencia en plataformas de redes sociales relevantes como ser MECA, X (Ex Twitter), Instagram, LinkedIn y otras donde normalmente se reúne su público objetivo.

Hay que tratar por todos los medios de crear campañas de correo electrónico según las preferencias y el comportamiento de los potenciales clientes, usando los tradicionales motores de búsqueda (SEM) y plataformas publicitarias de pago por clic (PPC) como Google Ads para dirigirse a clientes potenciales con anuncios basados en sus consultas de búsqueda.

Google también tiene una gran cantidad de herramientas muy ágiles y lo más importante, sin ningún costo para promover marcas, productos y servicios.

Es muy importante tener en cuenta el uso de herramientas del tipo "Google Analytics" para llevar a cabo el seguimiento del tráfico que se produzca en los distintos websites, a fin de definir y entender la conducta de los distintos usuarios y lo más importante: sus preferencias puestas de manifiesto en sus visitas a estos sites, es decir para llegar a definir a que secciones le ponen más atención y a que servicios y/o productos le hacen más seguimiento.

La experiencia muestra que el gran secreto del enfoque del Mercadeo actual es el hecho de estar por demás preparados para responder en forma inmediata a cualquier tipo de mensaje de clientes, ya sea de los potenciales, como los de los actuales, tanto positivos como negativos, ya que es la forma de potenciar en gran escala la marca corporativa.

B. Modelos de negocios disruptivos.

Ante la situación que vivimos en estos tiempos con gran cantidad de cambios especialmente en el mundo de la tecnología, es necesario observar los "Planes de Negocios" con especial atención y darle a los mismos un toque especial de dinamismo, para poder reaccionar a las nuevas exigencias del mercado.

La gran preocupación de la mayoría de los empresarios es poder de alguna manera asegurar que sus iniciativas sean parte de estos cambios y no quedarse afuera sin aprovechar las oportunidades de negocios que se presentan o que se pueden crear.

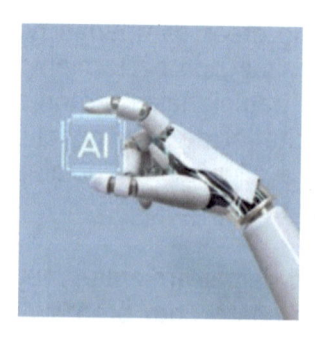

Todos saben del éxito del Modelo UBER, de AirBNB. De AMAZON y Mercado LIBRE y se dan cuenta la fuerza de la creatividad para competir de una forma increíble, diferente y exitosa, con la industria de los taxis, la de los mismos hoteles y las nuevas tiendas en línea.

Cuando se habla de UBERIZACION se está invitando a los empresarios a que en sus respectivos sectores o industrias no dejen de explorar que cambios deberían hacerse y como ofrecer sus servicios y productos de una forma más atractiva, económica dinámica y diferente.

Los elementos claves a considerar para trabajar con este enfoque disruptivo, lo he expresado en esta imagen en la que traté de resumir todos los elementos que se deberían tener en cuenta cuando se quiere ser parte proactiva y acceder a los más variados mercados y que le puse el título de: Creación de Proyectos Disruptivos.

Creación de Proyectos Disruptivos
Elementos claves a considerar

1. Fortalecer Imagen Corporativa.
2. Usar Marketing Digital.
3. Innovar siempre Innovar.
4. Medir resultados y festejar logros.
5. Motivar personal y clientes.
6. Apoyarse en buenos "Planes de Negocios".

También ya es muy común tratar el tema de la disruptividad, que es un término que está muy de moda y que significa llevar a cabo una nueva invitación de salir al mercado con algo especial, muy atractivo, diferente y que invite a la gente a ser parte de este nuevo modelo de negocios.

Anteriormente si alguien mejoraba una facturación y la incrementaba en un 10%, eso era un cambio muy importante y aceptable en una empresa, hoy en día ha variado este concepto y se busca un cambio no sólo del 10%, sino hacerlo 10 veces mejor o sea un cambio del 100%, y ese es el concepto o la base del "Enfoque disruptivo".

El estudiar y analizar los variados modelos de negocio es clave para llegar a entender cómo hacer ajustes a su empresa o más bien tratar de reinventarse, un concepto que está muy de moda hoy en día para salir a competir con más fuerza en el mercado y estar mejor preparado para reaccionar ante las variadas exigencias que se presentan en todos los sectores de las distintas industrias.

A continuación, presento alguno de esos nuevos modelos con gran contenido digital e innovativos.

Los modelos de negocio disruptivos de éxito suelen volver a poner al cliente en el centro. Las nuevas tecnologías han cambiado el comportamiento de los clientes, y este cambio permite modelos que satisfacen estas necesidades. Cabe mencionar, por ejemplo, los modelos de suscripción, los que usan diferentes plataformas, los ecosistemas digitales y otros más.

Son varias las empresas que logran éxitos combinando estos modelos para distintas partes de su negocio. La combinación adecuada de productos y modelos de negocio innovadores puede desempeñar un papel importante en el éxito deseado. – Los modelos empresariales disruptivos aportan una nueva idea o tecnología a un mercado existente. Los que llevan a cabo este tipo de proyectos tratan de satisfacer por variados medios la demanda insatisfecha en el mercado existente.

CAMACOL está desarrollando un nuevo enfoque para presentar variados modelos en su próximo Congreso Hemisférico Anual # 45 a mediados del mes de septiembre del 2024 y que tengo el honor de estar a cargo de su organización, programando visitas a distintos países para hacer presentaciones de detalles del alcance y su importancia.

En este evento y como parte de las Rondas de Negocios programadas se espera intercambiar experiencias con los expertos invitados y participantes que representan exitosas empresas y gobiernos locales. El objetivo es que todos puedan entender los modelos de negocios más importantes y también se muestren los principios básicos de los mismos, poniéndolos a prueba en las Rondas de Negocios programadas para el Congreso.

El hecho de llegar a representantes de más de 30 países, transforman a este evento en uno de los más concurridos y activos de los EEUU y se lleva a cabo al mismo tiempo del ya conocido "Food and Beverage" en el que más de 40 países presentan sus productos en aproximadamente 400 stands de muestras de diferentes productos en el Miami Convention Center por el que circulan más de 12 mil personas en solo tres días.

Por lo general, los productos y servicios también pueden ofrecerse en base a una suscripción ya que se crea de esta forma un nuevo servicio que se factura periódicamente. El objetivo es llegar a dejar al cliente conectado al sistema a largo plazo. A diferencia de la compra única, el cliente se beneficia de mejoras y ampliaciones del servicio y la empresa programa mejor todas sus entregas y su Stock.

Incluso los productos que no pueden dividirse pueden convertirse en una suscripción. Amazon ya ha dado un ejemplo con este sistema de cómo productos como detergentes, cosméticos, baterías y otros pueden también ser entregados automáticamente de forma regular y periódica.

Los ejemplos típicos son: Amazon, Netflix, Proveeduría Virtual y Mercado Libre.

El modelo de negocio más exitoso es el mercado digital que conecta a vendedores y compradores en una plataforma común. El dinero suele generarse a través de honorarios de agencia, comisiones o costos de transacción fijos y también se suma a esta modalidad de ventas las cuotas de afiliación a la plataforma o bien generar dinero a través de la creación de atractivas pautas publicitarias. Ejemplos: Amazon, Alibaba, Uber, eBay y Mercado Libre.

En varias de las entrevistas realizadas algunas de las mismas que he publicado en este libro (Capítulo X), los especialistas mencionan también un éxito a los modelos denominados de "Economía Compartida", donde se habla de alquiler en el sentido clásico y los bienes o servicios que normalmente sólo pueden adquirirse, ahora se pueden poner a disposición de otra persona por un período de tiempo limitado y lo mismo para el modelo de coche compartido.

Con estos modelos se facilita el hecho de ponerlos a disposición de otra persona durante un cierto período de tiempo y también por una determinada cantidad de kilómetros a cambio de una tarifa.

Este mismo enfoque puede aplicarse a todos los productos, ya sean de particulares o empresas, bienes inmuebles o bienes intangibles.

Otro de los modelos disruptivos que están causando una gran sensación, especialmente en España (Barcelona) es el que se encarga de la toquenización de contratos de alquiler y crear con el apoyo de la tecnología de Blockchain documentos inteligentes.

Es una nueva iniciativa de FINAER, empresa Argentina que brinda garantías para todos aquellos que necesitan alquilar cualquier tipo de

propiedades, usando como eslogan para ayudarlos a concretar el alquiler que deseen: "Sin Garantía Propietaria, solo con tus ingresos".

Ya esta empresa con el nombre de Nash21, opera en este lugar y tienen en la actualidad gran cantidad de clientes y siguen creciendo en gran escala y lo más importante es el hecho de que los usuarios no se asustan por el contenido o impacto de Inteligencia Artificial que trae aparejada la oferta existente. Es sin duda un claro ejemplo de proyecto disruptivo.

La tokenización de un contrato de alquiler no es otra cosa que la transformación de los derechos y obligaciones asociadas a dicho contrato en un activo digital representado por tokens. Estos tokens pueden ser adquiridos por inversores, y ofrecen un mayor mercado potencial.

Nash21 transforma los contratos de alquiler en activos líquidos y transaccionales a través de la tokenización.

En un contexto marcado por la evolución de las FinTech, la criptoeconomía y el auge de las Finanzas Descentralizadas, nace Nash21, compañía especializada en tokenizar, comercializar y ofrecer nuevas garantías a los partícipes del mercado del alquiler, integrándolos desde la innovación al ecosistema cripto. Al consultar a Nicolás Barilari uno de sus directivos y fundador de esta iniciativa en España, me detalló que la tokenización que ellos ofrecen es el proceso de representación digital de un activo real, convirtiéndolo en transaccional.

Esta empresa transforma el contrato de alquiler tradicional en un contrato inteligente, ese activo dormido ahora adquiere valor, permitiéndose comprar y vender contratos, realizar adelanto de rentas, obtener préstamos garantizados, optimizar procesos entre los participantes de la industria inmobiliaria y democratizar las inversiones a nuevos targets. Fuente Nash21 Esta empresa nació en España y fue fundada por 4 emprendedores: Nicolás Barilari, Miguel Caballero, Gabriela Roberto Baró y Jesús Pérez.

Nicolás Barilari Plana, CEO y cofundador de Nash 21, a quien tuve la suerte de entrevistar durante una visita a mi oficina, me explicó lo siguiente: Nosotros con la tecnología de Nash21 abrimos un universo de nuevos usos y modelos de negocios y simplemente tomamos los contratos de alquiler y los tokenizamos.

La particularidad del proceso es que también incluye una garantía de impago que asegura que los contratos estén garantizados tanto para el propietario como para el tenedor del NFT, siendo una operación libre de riesgo.

Asimismo, Nicolas me aclaró lo siguiente: "Nuestra propuesta está construida sobre un modelo descentralizado y queremos que todos los contratos de alquiler sean inteligentes, mediante un proceso sencillo y económico y dejen por demás contentos a todos nuestros clientes".

A partir de que el contrato de alquiler está tokenizado en formato NFT, se habilitan usos que antes no existían, como ser la posibilidad de cobrar la renta por día, sin esperar a fin de mes y vender el contrato de alquiler para anticipar las rentas (por ejemplo, el propietario habitualmente cobra 1.000 euros mensuales durante 12 meses, ahora puede adelantar una parte o la totalidad de la renta en un único pago). Utilizar el contrato de alquiler (el NFT) como medio de pago o garantía para préstamos.

Además de hablar de nuevos usos que permiten denominar los contratos inteligentes (Smart Contracts), se crea un nuevo modelo de negocio que ofrece múltiples ventajas frente al modelo tradicional:

- Mayor agilidad en todos los procesos.
- No es necesaria la figura del notario porque todo el proceso se realiza a través de la tecnología Blockchain.
- Nuevas utilidades para los contratos de alquiler: el propietario puede utilizar y cobrar la renta de forma diaria o semanal sin tener que esperar a final de mes a través del fondo de garantía de Nash21. Puede vender el contrato de alquiler; utilizarlo como respaldo para solicitar un préstamo; enviar el NFT del contrato o la renta a una tercera persona en cualquier parte del mundo.

También no puedo dejar de nombrar el modelo denominado Pirámide, actualmente muy difundido. Este modelo se empezó a usar con ventas de productos de belleza y ha estado disponible durante años en el mercado y puede ser rápidamente establecido y fácilmente manejado y se logra armar varias empresas virtuales a través de ellos.

Es especialmente interesante para productos con altos márgenes de ganancias y que pueden describirse de manera sencilla o más bien son auto explicables.

Ejemplos de estos modelos: Amazon Afíliate, Microsoft, Dropbox.

Hay que tener muy en cuenta cuando se está a punto de crear una empresa y salir al mercado con un grupo de productos que definen un nicho bien claro, pueden producirse de arriba abajo o en sentido contrario, es decir de abajo hacia arriba. Ambos enfoques tienen sus propias características, grupos objetivo e implicaciones estratégicas.

En general, queda claro que el de "Arriba" es el que está representado por un segmento de precios altos y el "Abajo" por el sector caracterizado por atender la demanda de productos con precios muy bajos.

Es importante entender aquí que los costos de lanzamiento pueden ser correspondientemente más altos, pueden tener plazos de entrega más largos y los canales de venta o socios existentes pueden dejar de ser adecuados.

Los de bajo nivel, son los que permiten presentar productos o servicios más económicos y bien accesibles que las ofertas existentes. Las empresas que siguen esta estrategia intentan captar una mayor cuota de mercado ofreciendo precios más bajos, buscando cantidad de pedidos y consolidar la marca.

Un ejemplo de disrupción ascendente es Walmart, que se ha convertido en el mayor minorista y primera empresa familiar del mundo ofreciendo precios bajos e inclusive con sustanciales cambios en la forma de cobrar para evitar demoras que se ven muy a menudo en otras tiendas y que ahuyenta a la mayoría de los clientes.

Capítulo VIII

Conclusiones y algunas Recomendaciones

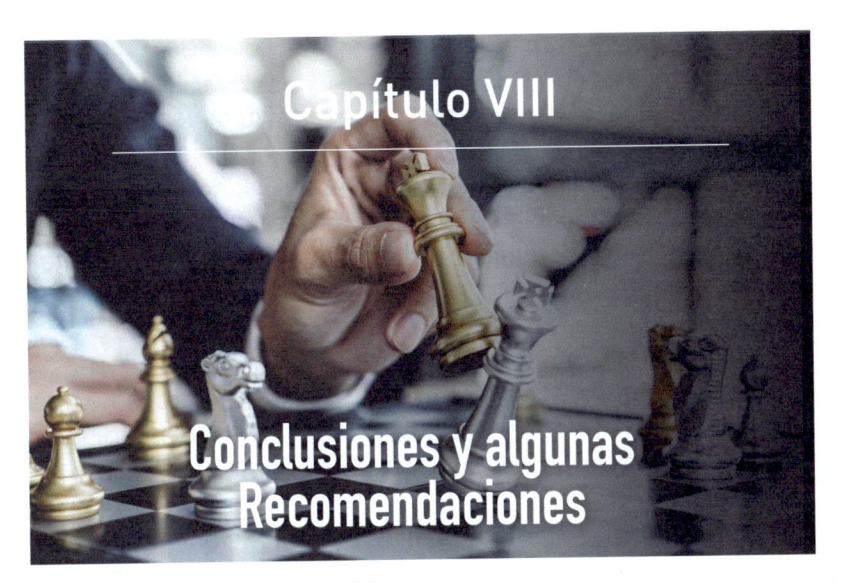

A. Principales temas a considerar

Después de haber hecho un exhaustivo análisis de varios aspectos vinculados a la importancia de contar en general con buenos planes de negocios para cualquier tipo y nivel de empresas y haber participado en gran variedad de eventos sobre estos temas en distintos países, pude advertir que existe una conciencia sobre estos *"Planes de Negocios"*, pero se pone de manifiesto que a los mismos se los percibe de diferentes maneras, desde el uso de la clásica libretita de bodeguero o almacenero de barrio hasta los detallados planes de las grandes empresas multinacionales.

Todos de una forma u otra son Planes de Negocios y ninguna duda que cuanto más detalle se coloque en los mismos, y se logre confeccionar un detallado *"Resumen Ejecutivo"* donde se tenga en cuenta todos los elementos que lo integran y se involucre a la mayor cantidad de directivos de una empresa, los resultados van a tener un impacto diferente.

Aparecen nuevos términos, como los de innovación, los de disrupción y últimamente los de tecnología, en especial con el advenimiento de la AI y la tokenización, es como una invitación abierta a sumarnos a esa corriente profunda de cambios que vivimos a diario.

Las conclusiones a que hemos llegado después de haber realizado gran cantidad de eventos y desarrollado diferentes estudios de mercado, es que no se puede dejar de hacer un gran esfuerzo para ser parte de estos cambios, para entenderlos y en especial tratar de aplicar todas estas nuevas herramientas para su confección.

Surgen cada día más eventos, foros y ferias especializadas y también documentación ilustrativa, donde se detallan todos estos nuevos temas resultado de los cambios de paradigmas que no dejan de impactarnos y que no podemos eliminar.

No dejen de acceder a los distintos modelos generativos en especial ChatGPT, Gemini y COPILOT, los que están muy actualizados de información para ayudar en gran escala a confeccionar estos planes y se van a sorprender con la velocidad de acceso y lo más importante, la variedad de buena información que generan.

Cuando hablamos de conclusiones en nuestras presentaciones o Rondas de Negocios, todos están de acuerdo que hoy en día no se puede dejar de tratar de crear un tipo de Business Plan independiente del nivel que tenga el mismo, aunque sea una simple hoja de ruta y simple plan de acción.

No dejar de usar las metodologías o herramientas del tipo de Análisis FODA y CAME y en especial el uso de la tableta: PESTEL. Ver *Capitulo II* para más detalles.

Hacer un esfuerzo por tratar de crear un Resumen Ejecutivo bien completo donde se tengan en cuenta el máximo de detalle de este plan, es un paso bien seguro para ayudar a lograr el mejor resultado posible.

B. A tan sólo un paso del éxito total

Como parte de las conclusiones y/o recomendaciones, me permito incluir en este capítulo una pequeña nota que representa el resumen de una presentación hecha por mí en uno de los últimos congresos Hemisféricos de CAMACOL ante representantes de casi 30 países y que fue reconocida por gran cantidad de ellos, como un ejemplo de simpleza, de gran contenido y un mensaje insuperable para cualquier empresario que tuviese que participar en la preparación de un Plan de Negocios.

Durante muchos años trabajando primero como Ingeniero de Sistemas de IBM en varios países, seguidamente como directivo en organismos internacionales tales como OEA, BID y en algunos casos en el Banco Mundial y Naciones Unidas, en estos dos últimos, invitado como disertante, me tocó estar al lado con grandes y reconocidos especialistas en el desarrollo de Planes de Negocios. En estas ocasiones aprendí la importancia de definir con gran claridad la Misión y Visión de los proyectos en los que me tocaba trabajar.

En una de las misiones, a cargo de la organización de la "Reunión Anual del Banco Interamericano" en la Ciudad de Nagoya en Japón, tuve la suerte de pasar un buen tiempo en ese lugar tan maravilloso y en especial disfrutar un entrenamiento en la TOYOTA, ya que ellos se sumaron de alguna forma a la reunión anual del BID, y es ahí donde me di cuenta en forma práctica, como la Misión, representa el "cómo" de un proyecto, mientras que la Visión dice "Qué es lo que se desea lograr a través de este".

La Misión y Visión de cualquier tipo de proyecto, de una empresa, de una oficina gubernamental, o de una cámara de comercio, representa la clave para su constitución y accionar diario. Con una clara y buena definición de estos elementos, se asegura establecer objetivos y acuerdos entre todas las partes intervinientes. Definir claramente la Misión y Visión para armar una empresa o crear cualquier tipo de organización o lanzar un proyecto, no es otra cosa que contar con claros elementos para facilitar la definición de una "Hoja de Ruta" y de esa forma facilitar el enfoque para cumplir y satisfacer claramente las expectativas, de directivos, miembros, personal en general, accionistas en algunos casos y clientes. Por ejemplo, para TOYOTA, su Misión es atraer y retener a los clientes con productos y servicios de alto valor y su Visión "Ser la empresa de automóviles más exitosa y respetada a nivel tanto local como mundial. Ellos fueron los creadores del Lean Plan, ya presentado en uno de los capítulos de este libro que usted está leyendo y espero que disfrutando.

Tomando a FORD, otro ejemplo en la misma industria con los dichos de William Ford Junior, él asegura que la Misión de su empresa es "mejorar continuamente nuestros productos y servicios a fin de satisfacer las necesidades de nuestros clientes, lo que nos permite prosperar como negocio y proporcionar utilidades razonables a nuestros accionistas quienes son propietarios de nuestro negocio." También él asegura que su Visión es "Ofrecer excelentes productos y servicios que permitan hacer nuestro mundo un mejor lugar donde vivir."

El acostumbraba a decir: *"Una buena compañía ofrece excelentes productos y servicios, una gran empresa, además, se preocupa por hacer nuestro mundo un mejor lugar donde vivir".*

Otro caso interesante es el de **Google**. Misión: organizar la información en el mundo para que sea útil y accesible. Visión: ser el motor de búsqueda más importante del mundo. Valores: rapidez, precisión, atención al cliente, innovación y facilidad de uso.

Otro ejemplo interesante es el de IKEA, donde sus creadores definieron de esta forma estos valores. Misión: ofrecer una amplia gama de productos para la decoración del hogar a precios bajos para que lo compre la mayoría de la gente. Visión: mejorar la vida de las personas y finalmente sus Valores: humildad y voluntad, entusiasmo, deseo permanente de renovación y unidad.

Al entrevistar a Joe Chi, actual Presidente de CAMACOL y preguntarle su pensamiento sobre la Misión y Visión de la organización que preside y que tiene más de 60 años de vida, aseguró, que tanto él, como su Directora Ejecutiva Patricia Arias, y su Directorio en Pleno siempre se guiaron por su Misión de fomentar el espíritu emprendedor de las comunidades hispanas y minoritarias de Florida. En esencia, la "MISION" de CAMACOL como promotor económico es desarrollar y fortalecer los sectores empresariales pequeños y minoritarios y facilitar las actividades que fomentan el crecimiento económico y el empleo.

Con una variedad de encuentros, tales como el Congreso Hemisférico Anual con más de 45 años de vida, variadas misiones comerciales, distintos tipos de comités, siempre nos encontramos tratando de seguir una clara "Hoja de Ruta" que ayude a todos nuestros miembros y en especial a los representantes de nuestra Secretaría Permanente a estar en la avanzada con la ejecución de todos sus proyectos.

En cuanto a su Visión también Joe Chi ha enfatizado que como Presidente y todo su equipo se ha programado ofrecer los mejores servicios a todos los miembros, autoridades locales, y a cada una de las cámaras que representan la Secretaría Permanente siempre con la idea de que todos sin excepción, sientan mejoras en calidad de vida en el mejor entorno posible.

No podía dejar de preguntarle al Ing. Patricio Sepúlveda, presidente de FEBICHAM, sobre estos temas y él nos confirmó lo que habían fijado para su Federación de Cámaras de comercio Binacionales FEBICHAM.

Su MISIÓN es la de proveer oportunidades de negocio multinacionales concretos y continuos en un marco más amplio que el de su propia naturaleza binacional. Representar los intereses comunes de las Cámaras Binacionales y sus miembros. Impulsar y desarrollar los lazos comerciales y culturales estableciendo un vínculo que potencie las relaciones empresariales de sus miembros dentro de un ámbito de fraternidad e integración internacional.

La VISIÓN es ser reconocida como una organización experta e influyente que busca facilitar la concreción de Oportunidades de Negocios en un contexto más allá del alcance meramente binacional de cada Cámara, proporcionando valor agregado a las Cámaras y a sus comunidades.

En nuestros cursos organizados con la FIU, sobre Planes de Negocios, no dejamos de mencionar que hay distintos tipos de planes: Estratégico, Operativo, Estándar, Factibilidad y uno denominado "De una Página", el que, en cierta medida para mí, representa el Resumen Ejecutivo del Tradicional "Business Plan". Esa simple página y que a veces se extiende a dos, es el documento que permite dar una clara y sinóptica idea de proyecto y que representa todos los puntos de este, que, si están bien explicados, van a motivar al ejecutivo que lo esté leyendo a seguir adelante y profundizar en el tema.

C. Algunas recomendaciones para considerar.

En uno de los últimos capítulos de este libro, he considerado crucial concretar algunas recomendaciones a manera de resumen y si es posible con una gran dosis de motivación. Me encantan los americanos en la presentación de sus publicaciones porque siempre ellos hablan de los "Top TEN" y voy a tratar de resumir o agrupar mis recomendaciones exactamente en ese número, o sea 10 y espero lograrlo.

Monitoreo con uso de indicadores y evaluación: Destaca la importancia de evaluar regularmente el desarrollo del plan apoyándose en el seguimiento de indicadores claves (KPI) tanto para medir el progreso puesto de manifiesto como para hacer ajustes.

Asegurar la comunicación a todo nivel: Se deben contemplar mecanismos para comunicar el desarrollo del plan tanto a la comunidad como a todos los miembros de la empresa.

Priorizar medidas sostenibles. No dejar de contemplar el impacto a largo plazo de todas las decisiones de planificación, promoviendo el medio ambiente, el impacto social, tecnológico y económico.

Lograr participación a todo nivel. Tratar de involucrar a la comunidad en todas las etapas posibles de la planificación. Flexibilidad y adaptabilidad: No descuidar los cambios de paradigmas es decir dotar a los planes de gran flexibilidad. Siembre hay que contar con elementos que permitan hacer ajustes a los planes, ante situaciones cambiantes.

Máxima equidad: Resalta la importancia de considerar la equidad en la distribución de recursos y beneficios, teniendo en cuenta que todos se beneficien de alguna forma de la planificación.

Siempre hay que tratar de celebrar los logros alcanzados. Esta posición gerencial, ayudará a todas las personas que se encuentren relacionadas con el plan ya sea directa o indirectamente, para estar siempre bien motivados y con muchos deseos de seguir adelante e innovar en todo momento.

Compartir historias de éxito de personas que han utilizado la planificación para alcanzar sus objetivos. Esto inspirará a los lectores a creer en sí mismos y en su capacidad para alcanzar sus sueños.

Tener muy en cuenta que aparte de planificar hay que actuar. Conviene poner en práctica todo lo que se ha aprendido.

Incluir ejemplos concretos de cómo aplicar las técnicas de planificación a la vida real. Esto ayudará a los lectores a ver cómo pueden usar estas herramientas para alcanzar sus objetivos.

Estas son las 10 recomendaciones, y se podrían colocar algunas más, pero lo más importante es tener claro que el desarrollo de los planes, no siempre salen como uno los programa. Es importante ser flexible y estar dispuesto a adaptarse a los cambios. Hay que estar muy atentos para enfrentar contratiempos y todo tipo de obstáculo que se presenten y esto ayuda al que tenga que interactuar con planes a mantenerse más que motivado.

Incluir consejos para lidiar con los contratiempos y los obstáculos. Esto ayudará a los lectores a mantenerse motivados incluso cuando las cosas se ponen difíciles.

Incluye una lista de recursos adicionales, como libros, sitios web, videos en YouTube y aplicaciones.

Ofrece coaching o asesoramiento individual a los lectores que lo necesiten.

Recuerde que el objetivo del último capítulo es dejar a los lectores con una sensación de esperanza e inspiración. Debería animarlos a tomar medidas y a perseguir sus sueños.

Estas son algunas frases que circulan en las redes para motivar a la gente a usar más a menudo este tipo de planes:
"Tener en cuenta que, sin presente, no hay futuro."
"El futuro está en tus manos. Comienza a planificar cuanto antes"

La mejor forma de concretar su sueño es en base a tres elementos, Planificación, esfuerzo y constancia.

Frente a un "Plan" hay que primero tener confianza en uno mismo, segundo, en las metas fijadas y finalmente en nuestra capacidad y agallas para ejecutarlo con éxito.

Siempre es conveniente brindar la mayor cantidad de recursos adicionales, como libros, cursos en línea o herramientas de software, websites, entrevistas, para que los lectores puedan utilizar todo este material, para mejorar sus habilidades de planificación.

Es muy importante para mí, remarcar con gran énfasis, estas recomendaciones, ya que la experiencia muestra que las mismas podrán ayudar a los lectores a consolidar sus conocimientos sobre planificación y les proporcionarán herramientas prácticas y concretas para aplicarlas no sólo en sus trabajos, sino en sus hogares y sus vidas diarias.

Tener en cuenta que si en Google colocó: *"Recomendaciones para manejar Planes de Negocios"*, voy a tener como respuesta, una gran cantidad y variedad de ejemplos muy ilustrativos que van a servir de complemento a las recomendaciones ya planteadas. Lo mismo sucede con YouTube y demás está decir con los modelos generativos de AI. Todos estos son elementos de mucha utilidad que ayudan a los empresarios a lograr un acercamiento al mundo del planeamiento que hace unos pocos años no existían.

También cabe destacar que en el último capítulo van a encontrar una gran cantidad de entrevistas y videos de especialistas que van a documentar de diferentes puntos de vistas todos estos temas, y van a contar con más elementos para pensar, sentir y motivarse, que es en cierta medida uno de los objetivos de este libro para ayudarles a sumergirse en el mundo de la planificación.

Cada uno de los lectores tiene la posibilidad de recibir de mi parte un asesoramiento individual en forma presencial o vía Zoom con solo contactarme, lo cual sería un regalo y honor para mí.

Capítulo VIII - Conclusiones y algunas Recomendaciones

Capítulo IX

Bibliografía utilizada.

A. Fuentes disponibles

Como parte de esta guía, pensé que este capítulo puede ser clave y traté de detallar al máximo la bibliografía existente en este tema y en especial la que puede ayudar para crear una buena base a los interesados de lograr la mayor cantidad de elementos relacionados con temas que giran en torno a la Planificación y creación de Planes de Negocios.

Hoy en día son tantas las fuentes de información y bases de datos temáticas existentes, que están al alcance de todos nosotros, que si no nos organizamos corremos el riesgo de perdernos en las sombras de la misma Inteligencia Artificial y de todas sus herramientas que cada día más, irrumpen en todos los lugares donde interactuamos.

Cuando agregamos el número 4.0 al título de este libro, tenía un simple significado, y era precisamente una invitación a la interactividad, a compartir y a usar las herramientas existentes no sólo para crear buenos y eficaces planes de acción, sino para seguir al detalle su desarrollo.

Como ya lo mencioné en alguna parte de este libro, el mismo es una invitación y un desafío a pensar y a participar en todos los aspectos de planificación, ya que, si lo logramos, nos sentimos parte proactiva de cualquier tipo de proyectos y/o empresas en los que participemos.

Hablamos de PERT y Camino Crítico, de FODA, CAME de PESTEL y en especial de Blockchain, Tokenización y AI y el factor común es el enfoque disruptivo, para hacer algo diferente, atractivo, con un especial, toque de uberización, que en estos días es un enfoque de éxito, de cambio, de desafío y de seguridad.

Butler Consultants
Professional Business Plan Writers

Esta es una firma que conviene explorar ya que dan servicios para la confección de Planes de Negocio de super nivel, de alta tecnología y con el uso de las herramientas más actuales y sofisticadas.

Los ejecutivos de esta firma comentan que su equipo ha trabajado en más de 12.000 planes de negocio personalizados a nivel mundial. Todos estos planes son de lo más variados y van desde un restaurante que pide 200.000 dólares hasta un fabricante de acero con un capital que gira en torno a los 500.000.000 de dólares.

Tiene su sede en Allen, Texas, Estados Unidos y se especializan en la elaboración de "Planes de Negocios personalizados y proyecciones financieras.
Ofrecen dos niveles de planes de negocios:

- Nivel 2 (Listo para bancos, Administración de Pequeños Negocios (SBA).
- Nivel 3 (Listo para inversores y capital de riesgo): Ideal para atraer inversionistas ángeles, inversionistas privados o capitalistas de riesgo.

El fundador de esta firma es el reconocido asesor internacional y consultor Brian Anthony Butler.

A continuación, voy a detallar varias fuentes a manera de recomendación para el que desee explorar más alternativas y bien actualizadas y prepararse mejor en esta temática tan de moda en estos días de tantos cambios.

B. Modelos Generativos

Es muy interesante el explorar que es lo que realmente está pasando en el mundo de la Inteligencia Artificial (AI) y como de una forma muy drástica, está cambiando la metodología para ayudar a crear entre otras cosas muy buenos y actualizados "Planes de Negocios".

Cuando afirmamos que no hay que temerle a la AI, sino hay que saber usar su capacidad de multiplicar nuestra capacidad de crear, lo confirmo en base al uso de este tipo de modelos (Generativos) y que los mismos no se alegran ni entristecen, no se emocionan y responden a todas preguntas de lenguajes naturales de una forma rápida, fría pero certera y con gran precisión, nos ayudan a armar todos los elementos que forman parte de esto planes.

Ellos acceden a miles de millones de parámetros y bases de datos, libros y websites para estar mejor preparado a ayudarnos a crear diferentes tipos de documentos que podemos usar en las diferentes etapas de planeamiento.

El primero de estos modelos fue el que dio la entrada triunfal a los mismos en el mercado y a nivel mundial y es el Chat GPT, ya que en menos de dos meses superó la barrera de 100 millones de acceso. Son varios los autores que piensan que Open AI con Sam Altman, el super billonario a la cabeza, provocaron uno de los fenómenos más importantes de esta carrera disruptiva que arrancó a fines del 2022.

Otra de las fuentes de mayor nivel son los mismos libros que se han editado últimamente y que sus temas giran en torno a la forma de aprovechar, entender, crear y usar "Planes de Negocios" de la forma más práctica posible.

Los planes por suerte están entrando con gran fuerza con las empresas familiares y con gran ímpetu están irrumpiendo en el mercado, ya que parte de los cambios que se producen son los que surgen por la actitud positiva por parte de empresarios, especialistas y consultores, a utilizarlos cada día con más ímpetu en la mayoría de las empresas.

Dado que de los más de 10.000 diarios en línea y las noticias que salen día a día en los mismos sobre las múltiples aplicaciones de la AI en el mercado, ya casi nadie puede estar ausente de todos los cambios que se producen en el sector de la planificación y las nuevas herramientas existentes.

También el poder acceder a YouTube, es muy interesante y existen una gran cantidad de seminarios y distintos niveles de presentaciones que pueden ayudar a que el lector logre el mejor nivel de preparación.

En estas imágenes se aprecian algunas de las alternativas existentes, pero hay que tener en cuenta que es tan sólo una muestra, ya que es increíble la cantidad disponible en esta plataforma que brinda variedad de cursos, seminarios e inclusive

"Webinars". Ingresando a YouTube y colocando el Prompt sobre *"Cursos y Presentaciones sobre Planes de Negocios"* se accede a lo que he mencionado.

El Embajador Dr. Jorge Hugo Herrera Vega nos acompañó en el Almuerzo que ofrecimos en el Centro Naval Argentino, lugar donde hizo la presentación formal de mi nuevo libro sobre Empresas Familiares y además una Ronda de Negocios para introducir el tema que se iba a desarrollar el día siguiente en el evento de la CAC.

Mas de 50 personas se hicieron presentes en esta ocasión, la misma que terminó con magníficas presentaciones e intercambios de experiencias entre todos los participantes y expositores invitados.

Italo Torrese, hizo una presentación formal de su nueva empresa Nexus Innova y también explicó el alcance de esta reunión y porque llevaba el nombre de 5.0 en referencia a la apertura de participación proactiva de todos los registrados tanto al almuerzo, ronda de Negocios, como a la misma reunión programada para NEXUS INNOVA el día siguiente (12 de Marzo 2024).

También existe una gran variedad de libros que se pueden acceder, aunque sea para leer los resúmenes de estos. Son sobre el tratamiento de temas de planificación en general. En mi caso, yo agregué al mío, algo por demás disruptivo y novedoso, ya que el hecho de haber podido concretar una buena cantidad de entrevistas y colocar los respectivos videos, me resulta una justificación de haber dado el nivel de 4.0 a esta obra.

Esta es una lista de algunos de los libros recomendados:

- *"Business Operations Models: Becoming a Disruptive Competitor"* Por A. Braithwaite (2015). Este libro aborda modelos operativos empresariales y cómo convertirse en un competidor disruptivo.

- *"Business Planning for New Ventures: A Guide for Startups and New Innovations"* Por D. Butler (2014). Proporciona orientación específica para nuevas empresas y emprendedores.

- *"Strategic Planning: Fundamentals for Small Business"* Por G. May (2010). Ofrece una base sólida para la planificación estratégica en pequeñas empresas.

- *"How to Write a Business Plan"* Por M.P. McKeever (2010). Un recurso práctico para redactar un plan de negocios efectivo.

- *"Guía Práctica para Mejorar un Plan de Negocio: Cómo Diseñarlo, Implantarlo y Evaluarlo"* por L. Muñiz (2010). Enfocado en mejorar planes de negocios existentes.

- *"Cómo Iniciar, Desarrollar y Administrar un Negocio Pequeño en Puerto Rico"* por M. Oliver et al. (2013). Específico para el contexto de Puerto Rico.

- *"Anatomy of a Business Plan: The Step-by-Step Guide to Building a Business and Securing Your Company's Future"* Por L. Pinson (2008). Proporciona un enfoque paso a paso para construir un plan de negocios sólido.

- *"Business Planning for Turbulent Times: New Methods for Applying Scenarios"* Por R. Ramírez, J.W. Selsky y K.V.

Der Heijden (2010). Explora métodos innovadores para la planificación empresarial.

- *"Plan de Negocio: Cómo Diseñarlo e Implementarlo"* por W. Stettinius (2009). Detalla los pasos desde el diseño hasta la implementación y revisión de un plan de negocios.

En nuestro evento en el CAC - Cámara Argentina de Comercio y Servicios dictado el día 12 de marzo del 2024, este fue uno

Capítulo IX - Bibliografía utilizada.

de los temas presentados y discutidos también durante la Ronda de Negocios que se organizó y se usó esta imagen creada especialmente para apoyo de mi presentación como parte introductoria al evento en mi carácter de "Maestro de Ceremonia" y "Moderador General" del evento y por suerte tuvo una gran aceptación y me sirvió para facilitar la explicación de cómo llegar a utilizar todos estos modelos y la forma de sacarle el máximo provecho a los mismos.

El año 2024, para algunos especialistas es considerado el de la verdadera incursión de estos modelos en el Mercado, con la aparición posterior de Gemini y Copilot, llegaron a ser parte de todas las noticias, publicaciones, eventos y fotos y junto a META AI que no se quedó atrás, no dejan de crecer y competir entre ellos y ponerse totalmente a nuestra disposición.

Esta simple imagen creada por Barnews Research Group y Nexus Innova, es la base de nuestro enfoque para introducir estos modelos en todos nuestros eventos y cursos especializados que estamos organizando en varios países a nivel académico.

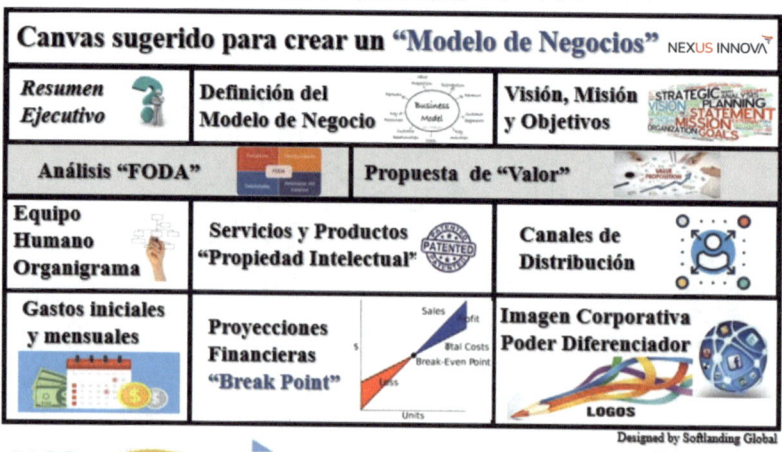

Hay gran cantidad de empresarios, profesores, escritores y entre ellos me incluyo, que se asustaban de esta irrupción, pero por suerte la mayoría entendemos en estos días que han llegado al mercado para ayudarnos y ninguna duda que se podrán llevar a cabo algunos desplazamientos o reemplazos en puestos de trabajo, pero según lo que está sucediendo últimamente, son más las oportunidades que se presentan.

C. Visión atractiva sobre Planes de Negocios

Dado que este capítulo está destinado a mencionar alguna bibliografía y especialmente recomendaciones, no podía dejar de nombrar a uno de mis autores más destacados en el mundo literario, favorito, reconocido y admirado y que realmente me ha motivado y dado mucho ímpetu en todas mis obras.

Él es Nassim Nicholas Taleb, ensayista, estadístico matemático y ex operador de opciones libanés-estadounidense quien escribió en el libro de Saifedean Ammous: "El Patron de Bitcoin" un prólogo realmente maravilloso, que como siempre marca una diferencia en todo lo que hace y lo tengo como modelo de excelencia.

En este análisis que estoy haciendo sobre la importancia de los variados y diferentes planes y que es lo que los caracteriza y destaca en estos tiempos, no podía dejar de nombrar la perspectiva única sobre este tema que tiene Nassim Nicholas Taleb y que lo expresa con super nivel en varias de sus obras. Él se considera más que un hombre de negocios, un amante y estudioso de los fenómenos aleatorios y estocásticos en general.

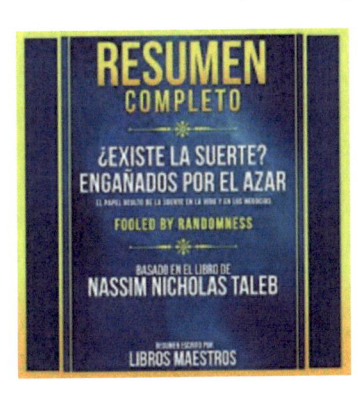

El define a la suerte de una manera diferente y en su obra ¿Existe la suerte? Las trampas del azar, nos invita a cuestionar nuestra percepción de este fenómeno y estar muy atentos cuando fijamos visiones y misiones en nuestros planes.

Taleb sostiene que "La suerte no existe" en el sentido tradicional. En lugar de atribuir eventos a meras casualidades, él nos insta a considerar la incertidumbre y los factores impredecibles que influyen en nuestras vidas. Su enfoque se aleja de la creencia en una suerte caprichosa y nos lleva a explorar cómo nuestras acciones y decisiones interactúan con el azar que no deja nunca de sorprendernos.

Desde una perspectiva psicológica, algunos argumentan que la suerte es una combinación de factores controlables e incontrolables. Sin embargo, Taleb nos desafía a mirar más allá de esta dualidad y a reconocer que nuestra comprensión de la suerte puede ser limitada.

Con respecto a la creación de planes y posterior uso de estos, Taleb sugiere tener muy en cuenta los siguientes detalles:

Antifragilidad: El afirma que los planes deben estar preparados para no sólo resistir las variadas crisis que se suelen presentar, sino tratar de sacarle el máximo provecho a las mismas. Él está muy convencido y no deja de proponerlo que se deben crear estructuras aceptables que permitan prosperar frente a la incertidumbre en lugar de depender de estrategias rígidas y lineales como eran los planes de hace unos 20 a 30 años.

Mucha cautela con propuestas de inversión: El siempre remarca que hay que tener mucha precaución al encontrarse con propuestas de inversión que parezcan demasiado refinadas o convencionales. El piensa que hay que poner gran atención ante los planes tradicionales. Siempre hay que tener en cuenta la incertidumbre y los riesgos inherentes que implican los escenarios del mundo actual en que vivimos.

Contemplar movimientos extremos del mercado: En lugar de depender únicamente en planes de negocios, enfatiza la importancia de prepararse para eventos inesperados y desarrollar solidez en las estrategias de inversión.

Retoques convexos: Él propone llevar a cabo este tipo de retoques y ajustes como método de un buen enfoque académico. Taleb aboga por realizar un estudio de mercado usando la experimentación descentralizada y el aprendizaje teniendo en cuenta los errores cometidos. Este enfoque desafía el modelo tradicional de plan de negocios y fomenta enfoques adaptables y flexibles.

THE BLACK SWAN

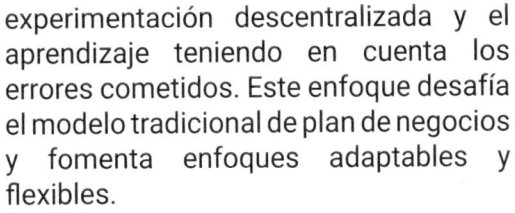

NASSIM NICHOLAS TALEB

En varias de sus conferencias y obras, él alienta en general a los empresarios e inversores a aceptar la incertidumbre, cuestionar la sabiduría convencional y considerar enfoques alternativos más allá de los enfoques tradicionales, dando especial ímpetu a la importancia de la resiliencia y adaptabilidad en este mundo exponencial que estamos viviendo y que está siendo impactado por las nuevas tecnologías y en especial la AI y la toquenización que surge de aplicar las facilidades del Blockchain.

Su opinión sobre los planes de negocios puede variar según el contexto y las tendencias actuales en el mundo empresarial. En general, Taleb suele abogar por enfoques más ágiles y flexibles en la planificación empresarial. Esto significa que, si bien valora la importancia de tener una visión estratégica clara, puede ser crítico respecto a los enfoques tradicionales de los planes de negocios, que a menudo implican una planificación excesivamente detallada y estática.

Taleb podría argumentar que los "Planes de Negocios" tradicionales a menudo no se ajustan a la realidad cambiante del mercado y pueden llevar a una pérdida de tiempo y recursos al centrarse en proyecciones a largo plazo que pueden volverse obsoletas rápidamente. En cambio, puede favorecer enfoques más reiterativos y adaptativos, como el uso de modelos de negocio ágiles o la metodología Lean Startup que ya se ha mencionado y que fue muy usada por la empresa TOYOTA con

Capítulo IX - Bibliografía utilizada.

sede en Nagoya, Japón con gran éxito.

Para mi amigo de toda la vida y especialista con gran experiencia práctica en estos temas de planificación, el Ing. Guillermo Agusti, quien me recomendó no dejar de leer "AntiFragile", de Nassim Nicholas Taleb, un agradecimiento muy especial ya que me permitió conocer la magia de este gran escritor en cada una de sus obras.

Capítulo X

Entrevistas 4.0 y videos de expertos invitados

Introducción

Como es costumbre en todos mis libros, especialmente los últimos, siempre trato de invitar a reconocidos y afamados especialistas para que con sus notas y comentarios ayuden a los lectores a darle más fuerza a todos los temas tratados. Uso el último capítulo para presentar sus notas y como en este caso, he agregado también los videos de cada una de las entrevistas.

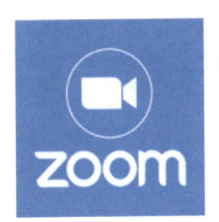

En esta ocasión se me ocurrió hacer algo diferente y con sentido disruptivo, ya que sumé a estos pequeños textos, resumen de cada una de las entrevistas, unos videos que se llevaron a cabo a través de las reuniones vía ZOOM con cada uno de los invitados. Todos vieron este nuevo enfoque como algo muy novedoso, práctico y de gran alcance.

Desde un principio que con esta nueva metodología seguro se iban a quedar felices los lectores por la variedad de magníficas presentaciones y oportunidades de contactar a cada uno de ellos ante dudas o deseos de ampliar algunos temas, pero también los mismos expositores, ya que, de esta manera, ellos sienten un grado más de pertenencia con este nuevo libro. Ni hablar del autor, o sea yo mismo, y no se imaginan que alegría me da a mí, como autor, el sumar a todos estos especialistas contactados.

Para fines prácticos y para no demorar la edición, ya que este proceso insume mucho tiempo de coordinación y grabación, he limitado el número de especialistas entrevistados a sólo 10.

Por favor, no deje de contactarme en caso de que desee llevar a cabo consultas con algunos de los profesionales que se sumaron a esta modalidad de trabajo.

También invito al lector a que no deje de enviar mensajes ante los deseos de sumarse a esta nueva red de contactos que se ha creado en esta ocasión.

Email: barletta@barnews.com
Whatsapp: + 305-803-2226
www.miamioportunidad.com

Por suerte, tuve total apoyo de los **especialistas invitados** para sumarse a esta iniciativa de permitirme colocar un resumen de su entrevista y lo más novedoso agregar también su video para acceder mediante el código QR con su celular.

Un gran cambio pensado en darle más elementos al lector para aprovechar esta invalorable experiencia.

Todo sobre Planificación

Dr. Enrique Caucha
Pág. 138

Dr. Mario Golab
Pág. 139

Ing. Alfredo Amigorena
Pág. 140

Dr. Enrique Ortega
Pág. 141

Ing. Patricio Sepúlveda
Pág. 142

María Angélica Berrizbeitia
Pág. 143

Ing. Carlos Restaino
Pág. 145

Angélica Lorena López
Pág. 147

Salvatore Tomaselli Ph. D.
Pág. 148

Oscar Lema
Pág. 149

Italo Torrese
Pág. 151

Dr. Enrique Caucha

Empresario, economista y asesor en inversiones inmobiliarias en Miami.

Don Enrique Caucha, como de costumbre hizo una magnífica exposición de lo que significan los Planes de Negocios en general y la importancia que tienen hoy en día los mismos en este mundo tan cambiante. Habló de sus experiencias en su cámara de comercio y en FEBICHAM, que es la Federación que agrupó las Cámaras de Comercio binacionales de 12 países.

Explicó que esta federación presidida por el Ing. Patricio Sepúlveda se encuentra trabajando con un equipo de profesionales y directivos de esta organización para crear un nuevo plan de negocios y asegurar que se cumpla 100% lo especificado en su Visión, Misión y Objetivos.

También explicó como en su tarea de asesor de inversiones inmobiliarias ayudaba a sus clientes a tener éxito en todas sus operaciones ayudándolos a operar en base a un detallado plan. Enrique participa en la mayoría de Las Rondas de Negocios que se organizan en conjunto con cada una de las Cámaras miembro de FEBICHAM y también de CAMACOL.

El fue uno de los invitados especiales por parte de REBITI, durante la presentación de esta nueva organización responsable de concentrar en el área de Miami las cámaras de la Industria Inmobiliaria de todo Iberoamérica.

Dr. Mario Golab
Ingeniero, Economista y Abogado, especialista en marcas y patentes y consultor internacional.

Como siempre el Dr. Mario Golab, se suma a todas nuestras iniciativas de congresos y eventos internacionales donde junto a Joe Chi, Presidente de CAMACOL, e Italo Torrese, Presidente de Nexus Innova presentamos temas de actualidad de Comercio Internacional, Proyectos Disruptivos y nuevas herramientas de Inteligencia Artificial y Blockchain para apoyar todo tipo de tareas de mercadeo digital.

El acaba de dar una presentación brillante en el último evento de la CAC Cámara Argentina de Comercio y Servicios el día 12 de marzo del 2024, denominado "Misión Comercial 5.0" la mayoría de los participantes comentaron con mucho agrado que siempre sus presentaciones marcan una diferencia.

En esta entrevista, él se dedicó a dar una clara explicación de la importancia de tener en cuenta los registros que entren en juego en los nuevos desarrollos de todas las marcas y patentes. También habló de los cambios que han sufrido los planes de negocios a través del tiempo y como se fueron transformando de documentos intocables de cientos de páginas a otros muchos más dinámicos de tamaño muy práctico y reducido.

El explicó con gran detalle la importancia de innovar a todo nivel y aceptar el máximo de cambios tecnológicos que afectan a todos los distintos sectores del mercado en los que nos toca interactuar.

Ing. Alfredo Amigorena
Sur Developers.

Para nuestro entrevistado, los tradicionales *"Business Plan"* son algo fundamental en cualquier tipo de emprendimiento.

Séneca hace dos mil años decía: **"No hay buenos vientos para quien no sabe dónde va"** ...

Hoy, en este vertiginoso mundo moderno de la instantaneidad es esencial no sólo saber *¿Cuál es tu objetivo y cuál es tu beneficio esperado en un proyecto o lanzamiento de una empresa?* sino conocer profundamente de donde obtienes tus recursos, como los transformas, que logística es más eficiente, quien es tu cliente final u objetivo y trazar un plan para llegar a ello de la forma más eficaz.

El valor es algo que siempre hay que tratar de resaltar y si es posible con un toque de poder diferenciador que se pueda explicitar para marcar una diferencia.

En las empresas actuales, cada día son más eficientes las herramientas que nos permiten construir estos planes y en especial las que están relacionadas con el nuevo y cautivante mundo de la AI.

Desde la época en que lo hacíamos con lápiz y papel cuadriculado con varios borrones a la actualidad en la que lo hacemos mediante sistemas digitales con asistencia de Inteligencia Artificial hay una gran diferencia y nos ayudan a estar mejor preparados para enfrentar los desafíos que se presentan a diario.

Lo que no podemos hacer es dejar de tener un "Business Plan" muy analizado. También tiene que ser muy simple, intuitivo y expresado de manera iconográfica para hacerlo suficientemente comprensible por los distintos idiomas y alfabetos. Además, dinámico y expresado en una sola carilla si es posible.

Enrique Ortega
Economista y Asesor Financiero.

En su magnífica entrevista dejó bien claro que, para él, en cuanto a la importancia de la confección de un "Plan de Negocios" y que es lo que hay que tener en cuenta es el hecho de que es fundamental elaborarlo en forma concisa y que comience con metas claras y realistas y trabaje hacia atrás para establecer acciones específicas y medibles en un tiempo definido.

En el campo de gestión patrimonial e inversiones, este enfoque es crucial para establecer una estrategia financiera efectiva. Al definir metas financieras claras y realistas, como el crecimiento del patrimonio o la obtención de ingresos pasivos, los inversores pueden desarrollar un plan detallado que incluya acciones específicas, como la diversificación de la cartera, la gestión del riesgo y el seguimiento regular de los resultados.

Este enfoque ayuda a los inversores a mantenerse enfocados, a evaluar su progreso y a ajustar su estrategia según sea necesario para alcanzar sus objetivos financieros a largo plazo.

Tener muy en cuenta la necesidad de llevar a cabo revisiones continuas a efectos de reaccionar con tiempo ante los constantes cambios que se suscitan en el mercado.

También lograr incluir elementos claves de mediciones a efectos de determinar el cumplimiento de las metas fijadas.

Ing. Patricio Sepúlveda
Presidente de FEBICHAM, Cámara de Comercio Chilena y CEO de Aeronex Cargo.

No dudábamos que la entrevista con el Ing. Patricio Sepúlveda iba a resultar de primera clase dada su experiencia práctica en el área de planificación por las distintas posiciones que le tocó ocupar y que actualmente ocupa, como CEO de Aeronex Cargo dando servicios a una de las empresas de la aeronáutica más importante del mercado de este tipo de transporte.

El Ing. Patricio Sepúlveda es muy conocido en nuestra comunidad y especialmente por ocupar la posición de presidente de FEBICHAM organización integrada por 12 Cámaras Binacionales que operan en el área de Miami ya hace varios años desde su comienzo y la Cámara Americana Chilena con sede en la misma ciudad.

Él nos habló con gran claridad y excelencia desde sus primeros pasos en el gobierno chileno donde ocupó posiciones de alta responsabilidad a cargo del desarrollo de planes de negocios a nivel nacional.

Explicó claramente el secreto de los planes y la atención que a todo nivel demandan los mismos, y refiriéndose al presente, en un mundo tan cambiante, explicó claramente si las distintas empresas independientemente de su tamaño y sector, no se encuentran atentos en la calle para salir al encuentro del embate de los cambios que no dejan de impactar todo tipo de operaciones y si esos planes no se ajustan, no se acomodan a esos cambios y no se reacciona a tiempo, no se van a lograr los resultados esperados.

La tecnología puede ayudar a desarrollar este tipo de planes, como por ejemplo con el uso de la misma Inteligencia Artificial (AI), pero hay que poner una especial atención para no perder la óptica del negocio.

Ninguna duda que se pueden hacer mejores planes, controlar mejor las operaciones, pero nunca hay que olvidar la verdadera esencia de los objetivos de esa empresa, su visión y Misión planteada en sus primeros pasos o momento de su creación y los más importantes, la relación de productos, servicios y el punto central, sus clientes.

María Angélica Berrizbeitia
Bachelor of Science (BS), Business Administration and Management International Banker Latin American Market

Maravillosa entrevista a María Angélica, directora de FEBICHAM y ejecutiva en el sector bancario, quien expresó al inicio muy cálidamente que se sentía muy orgullosa de poner un grano de arena en este nuevo libro con un tema para ella por demás fascinante y de mucha actualidad como es todo aquello que gira en torno a la Planificación a todo nivel que estaba realizando.

Contó su experiencia con el uso de los Planes de Negocios y remarcó la importancia de estos en todos los procesos que le tocó participar y las ventajas de apoyarse en claras definiciones de Visión, Misión y Objetivos de los distintos emprendimientos que uno encara y a todo nivel.

María Angélica, remarcó que a fines prácticos, ella está trabajando con un grupo de FEBICHAM (Federación de Cámaras de Comercio Binacionales) para actualizar su "Business Plan" y darle al mismo un gran nivel de dinamismo para que pueda ser ajustado en base a los continuos cambios que se presentan en todos los sectores en los que les toca operar.

Finalmente ella expresó: *"Quisiera recomendar a todos los lectores que no dejen de leer a fondo todos los capítulos de este libro, dado que van a encontrar en los mismos valiosas herramientas de una manera fácil y a la vanguardia de cómo realizar una planificación estratégica y financiera, especialmente con la ayuda de la inteligencia artificial".*

Suerte a todos y felicitaciones al autor y tenga en cuenta que:
Juntos somos más!!!

Gracias, saludos cordiales.

Ing. Carlos Restaino
Director de la CAC.
Asesor Internacional y conferencista

Con mucho gusto acepté esta invitación para ser parte de este libro tan interesante, motivador y que nos ayuda a todos a pensar como desarrollar nuestros PROYECTOS de una forma más estructurada y con grandes probabilidades de éxito.

No dudo que el impacto de esta obra va a ser del mismo calibre del de los eventos maravillosos de Innovación y Tecnología que organiza periódicamente a nivel internacional mi querido amigo, José L. Barletta.

Siempre que hablo de Planificación y en especial sobre la creación de "Planes de Negocio" enfatizo cinco puntos muy bien definidos y proactivos:

1. Investigar al máximo,
2. Definir o agendar puntos de un temario,
3. Tratar de descifrar las claves de éxito, es decir ser muy claro con el "Cómo" hacerlo y esto surge cuando defino en forma detallada la Misión.
4. Salir al encuentro y establecer contacto. Prepararse al máximo para saber de qué se está hablando. Viajar en busca de esos contactos

5. Documentar con gran detalle todos los pasos a dar para cumplir con la Visión fijada.

Debemos leer con gran atención, investigar sobre las condiciones del mercado y la misma competencia, documentarse de casos que surjan sobre el tema en un exhaustivo análisis realizado y tratar de usar la experiencia de lo que han documentado otros especialistas.

Los planes actuales son sin duda más dinámicos y prácticamente nos obligan a estar muy encima de ellos para hacer todos los ajustes necesarios ante los cambios del mercado.

En cuanto a la recomendación a los lectores, por favor nunca pierdan los deseos de actualizarse y siempre traten de estar en contacto con gente de alto nivel, para tratar de seguir aprendiendo al máximo.

Angélica Lorena López
Lic. Real Estate

Primero que nada, agradecer por haberme tenido en cuenta para expresar mis ideas en este tan interesante y gran tema que se relaciona con el éxito de gran parte de todas nuestras actividades.

Lo que surge en mi mente después de agradecer al autor de este libro, nuestro gran y querido amigo Jimmy, es expresar mi idea de que lo más importante para tener éxito al planificar cualquier tipo de iniciativa, es ser por demás disciplinado, trabajar siempre en equipo, usar la mayor cantidad de tecnología disponible y no temer durante la ejecución de todo lo programado.

Debemos apoyarnos en un plan, pero que este sea dinámico que estemos en condiciones de ajustarlo para reaccionar ante los cambios que demanda el mercado. "CONTROL" con mayúscula de cada uno de los pasos que debemos dar para cumplir con la meta fijada. El "Cómo" es clave y siempre debemos seguir el camino bien definido como parte de nuestra planificación que nos permita transformar la visión fijada en algo por demás real.

Los planes de Negocios han sufrido un gran impacto y como resultado de la Pandemia, aprendimos todos a interactuar en un mundo exponencial y de continuos cambios, a mostrar una propiedad apoyándonos en las facilidades que brinda la Realidad Virtual, y podría decir lo más importante es el uso del ZOOM que nos enseña a reunirnos de una forma diferente, amena, práctica y sin sufrir los padecimientos actuales del tráfico.

Un consejo para el lector, por favor, no dejen de seguir leyendo y auto reinventarse usando lo mejor de todas las nuevas tecnologías y sean parte proactiva de la innovación.

Salvatore Tomaselli Ph.D.
Profesor Universidad de Palermo, Italia. Asesor Internacional.

No se imaginan con que gusto y gran alegría acepté esta entrevista del autor y editor de este magnífico libro, Máster en Ciencias Don José L. Barletta, dado que con este tema estuve muy dedicado como consejero en la Universidad de Palermo y trabajando específicamente en el desarrollo de variados tipos de Planes de Negocios.

A mí me tocó trabajar en un principio en esos interminables planes y últimamente en la versión simplificada donde se resumen estos planes en unas muy pocas hojas a través del uso de variados CANVAS.

Por ejemplo, una nueva herramienta denominada "Lean Canvas" fue concebida para ayudar a los planificadores estratégicos a sintetizar sus planes de una forma bien concreta, concisa y muy resumida.

Estos Canvas representan la más actualizada herramienta de planificación para facilitar el desarrollo de modelos de negocio eficientes y rentables. Fue creada por Ash Maurya como una alternativa más simplificada y ágil al Business Model Canvas de Alex Osterwalder.

Para escribir un buen "Plan" hay que definir en primera instancia a dónde se desea llegar, definiendo la Visión del proyecto iniciativa y después aclarar de qué forma lo voy a lograr, a través de la misma Misión.

En un principio, todos los jóvenes a los que les tocaba trabajar en estos temas se aburrían al tratar de entender esos planes gigantes que se hacían y hoy en día se trabaja con versiones mucho más simples, dinámicas y de fácil acceso para poderlos ajustar en base a los continuos cambios que se suceden.

No quiero terminar esta exposición, sin antes recomendar a los lectores que no dejen de profundizar al máximo siempre con todos estos temas, ya que los mismos son las claves del éxito ante cualquier tipo de iniciativa en las que deban trabajar y disfrutar los resultados.

Oscar Lema
Presidente Finaer.
Consultor Internacional.

Sin duda que gracias a la experiencia uno se da cuenta que, con el crecimiento de la empresa, el aumento de la presencia en el mercado y la obtención de clientes da lugar a que la planificación comience a ser vital y podría asegurar, clave para seguir creciendo con un éxito deseado y hasta asegurado.

En nuestro caso con FINAER, al comienzo, nuestra planificación era mínima, sólo hacíamos un ejercicio financiero mes a mes, uno comercial, pensando en evento tras evento y a medida que fuimos creciendo en estructura, en personal, en el número de clientes, en tratar de ir solucionando todos los problemas que se fueron presentando nos dimos cuenta a fuerza de la necesidad de volvernos planificadores por excelencia.

Comenzamos a jugar hasta con variables estocásticas cuando usamos el concepto de "Delta" o desvío para medir lo que se programó o planificó y lo que realmente sucedió, y eso fue simplemente el principio de un gran éxito de usar la planificación y comenzar a dar pasos ayudándonos a definir un camino y un destino bien claro y medible.

Al usar y en especial definir la clásica Visión, Misión y Objetivos de nuestro nuevo proyecto, nos dimos cuenta que ya manejábamos algunos elementos claves de las operaciones que daban gran valor a nuestra empresa y que hoy disfrutamos, y nos motivamos para dar pasos hasta a nivel global.

Cuando fuimos a España y creamos NASH 21, nos dimos cuenta que no podíamos aplicar el mismo modelo de Argentina y fue una nueva aventura con gran éxito, pero con una gran dosis de análisis previo y de planificación a todo nivel y se integró un equipo que dio pasos mucho más sólidos y bien documentados, resultado de una gran entrega, dedicación, orden y en especial PLANIFICACION, apoyado en mucha información y lo más importante mucha experiencia propia en haber detectado que gran parte del éxito, es descansar en un buen Plan de Negocios y un Super Equipo Humano muy entrenado y con capacitación continua, poniendo al cliente siempre en primer plano.

Italo Torrese
Presidente Nexus Innova.

Con gran entusiasmo acepté la invitación de José a formar parte de este selecto grupo para compartir mi visión personal de la importancia de tener un plan de negocios antes de iniciar un nuevo desafío empresarial.

En ese sentido, yo quiero compartir con ustedes 3 elementos de lo que desde mi experiencia es el secreto para tener éxito en un nuevo emprendimiento en estos momentos donde estamos siendo bombardeados con innumerables cambios, aplicaciones, y nuevas tecnologías.

1. Enfocarse. Es necesario que identifiquemos nuestro objetivo y no nos dejemos distraer por los amigos y los negocios efímeros que pueden aparecer en el proceso, que lo que hacen es distraernos y desperdiciar recursos.

2. Realizar un plan de negocios. Es la forma mas inteligente de permanecer enfocados, ahorrar tiempo y recursos. No tiene que ser un manuscrito técnico, pero si debe ser específico, identificando oportunidades y fortalezas, detallando objetivos, metas, recursos necesarios, tiempo de ejecución, posibles debilidades y amenazas. Hoy la tecnología nos proporciona de forma inmediata gran cantidad de información y datos lo que nos da la oportunidad de tener más tiempo para analizar, planificar y estimar resultados.

3. Ser constante y perseverante. El camino de todo empresario tiene subidas y bajadas, la única forma de alcanzar el éxito es no desanimarse cuando las cosas no salen de acuerdo con el plan.

Siguiendo estas tres recomendaciones, su negocio tiene las mas altas probabilidades de ser exitoso. Es muy importante que se apoyen en profesionales con experiencia como nosotros que podemos guiarlos en esta aventura haciendo su recorrido más corto, reduciendo sus frustraciones, ahorrando dinero y tiempo.

NEXUS INNOVA

Vea todas las entrevistas en línea

Capítulo X - Entrevistas 4.0 y videos de expertos invitados